JN033184

さばいていくっ！

きまぐれ
クック流 魚さばきの楽しみ方

きまぐれクック・著

KADOKAWA

魚さばきを楽しもう!

はいどうも、こんにちは! きまぐれクックのかねこです。

このたびは、僕の初めての本、『さばいていくっ!』を手に取ってくださって、どうもありがとうございます。

2016年にYouTubeチャンネル「きまぐれクック」を開設してから、すばらしい経験をたくさんさせてもらいました。海外に行って珍しい魚をさばいたり、動画をきっかけにテレビに出たり……。ついには、この本を出したり(笑)

どれも、想像もできなかったことです。ほんと、魚さばいててよかった。

400万人もの人が僕の動画を見てくれて、日本からも海外からも、たくさんの方々から感想やメッセージをいただけていることが、今でも信じられないような気持です。

こうして続けてこられたのは、いつも動画を見て応援してくださる、みなさんのおかげです!

そんなみなさんに、動画を見るだけではなく、実際に魚をさばいて、もっと魚を好きになってもらえたらと思って作ったのが、この本です。

ぜひ、動画を見た後にこの本を開いて、"1人で、2人で、みんなで!"魚さばきを楽しんでもらえたらうれしいです。

さ〜て、今日は、どの魚をさばいていく!?

2021年2月 きまぐれクック

はじめまして、きまぐれクックです

1991年、愛知県生まれ。子どもの頃から魚が好きで、地元の魚をさばきまくって育ちました。魚さばきも料理も独学でやってきた素人です。動画でも本でも、「自由に、楽しく」をコンセプトにお届けしています。

それから、この本に一緒に登場するのは、愛するトラ。2016年4月24日生まれのオス猫です。こいつがまたかわいいんですわ！ 1人と1匹でお届けする『さばいていくっ！』、どうぞよろしくお願いします。

きまぐれクックチャンネル

YouTube

チャンネル名

きまぐれクックKimagure Cook

URL

https://www.youtube.com/user/toruteli

本書で紹介している魚さばきは、YouTubeチャンネルでも公開しています。一緒にお楽しみください。

Twitter

 銀色の人

かねこ@きまぐれクック
@Kneko_
魚ときどき猫のつぶやきです。
URL https://twitter.com/kneko__

Instagram

 Kimagure.cook

お魚、猫、そのほかイロイロ、日々の風景を載せています。
https://www.instagram.com/kimagure.cook/?hl=ja

もくじ

第 **1** 章

基本の魚をさばいていくっ！

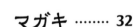 いただきます！ ……… 34

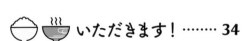 教えて！ きまぐれクック **Q&A**

身近な魚をさばいていくっ！

難敵の魚をさばいていくっ！

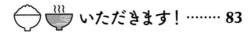

第4章
普通はさばかない魚をさばいていくっ！

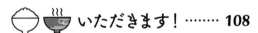
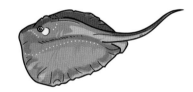

本書の使い方

本書は、「きまぐれクックチャンネル」で配信している魚のさばき方の動画をもとに、詳しいさばき方のプロセスやテクニックを紹介しています。

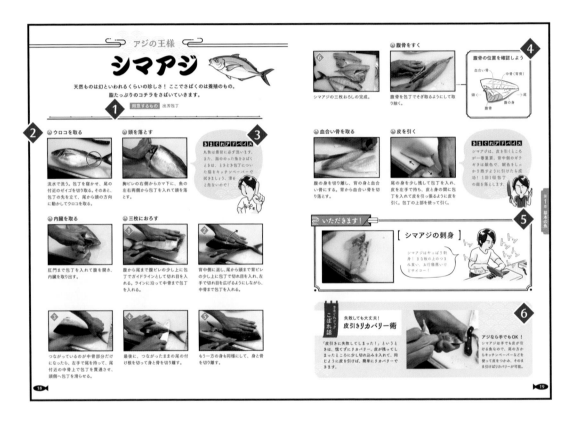

❶ 用意するもの

この項目で紹介している魚をさばくために、必要な道具を紹介しています。

❷ さばき方

動画内で紹介している魚のさばき方のプロセスを、よりわかりやすく丁寧に解説しています。

❸ きまぐれアドバイス

魚にまつわる豆知識や、さばき方にまつわるきまぐれクック流のコツを紹介しています。

❹ 図解

写真や文字だけではわかりにくい部分を、イラストや図を使って解説しています。

❺ いただきます!

実際にさばいた魚を使って、きまぐれクックが調理して食べた料理を紹介しています。

❻ きまぐれクックこぼれ話

本編のおまけとして、きまぐれクック直伝のマル秘テクニックや、珍しい魚との思い出を紹介しています。

刃物を使用する際、小さなお子様には必ず保護者の方が付き添うようにしてください。

魚の部位を知ろう

魚をさばく前に、簡単に魚の体のつくりを押えておきましょう。
ヒレやエラ、内臓などの位置は、さばくための目印にもなります。

魚類
（例：マグロ）

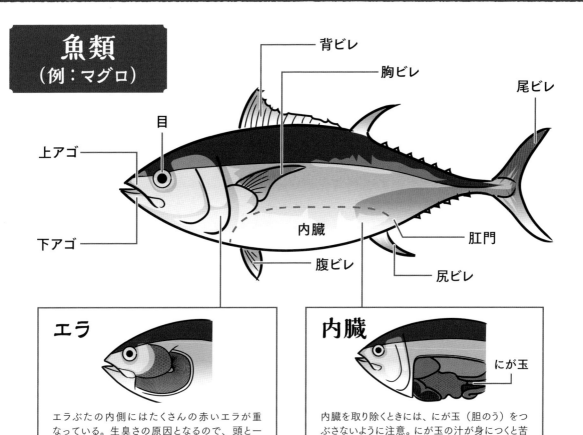

- 背ビレ
- 胸ビレ
- 尾ビレ
- 目
- 上アゴ
- 下アゴ
- 内臓
- 肛門
- 腹ビレ
- 尻ビレ

エラ

エラぶたの内側にはたくさんの赤いエラが重なっている。生臭さの原因となるので、頭と一緒に落とすか、エラのみを取り除く。

内臓

- にが玉

内臓を取り除くときには、にが玉（胆のう）をつぶさないように注意。にが玉の汁が身につくと苦くなり、洗っても落ちなくなってしまう。

可食部位を知ろう

魚の身は部位によって取れる量や味、食感などが変わります。ここでは、マグロを例にして部位の種類を見てみましょう。ちなみに、食べられる部分の量が多いことを「歩留まり（ぶどまり）がいい」といいます。

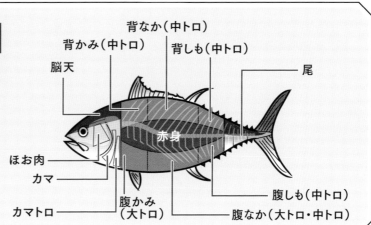

- 背なか（中トロ）
- 背かみ（中トロ）
- 背しも（中トロ）
- 脳天
- 尾
- 赤身
- ほお肉
- カマ
- 腹しも（中トロ）
- カマトロ
- 腹かみ（大トロ）
- 腹なか（大トロ・中トロ）

イカ類

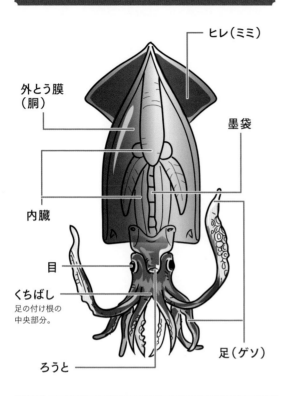

ヒレ（ミミ）

外とう膜
（胴）

墨袋

内臓

目

くちばし
足の付け根の
中央部分。

ろうと

足（ゲソ）

タコ類

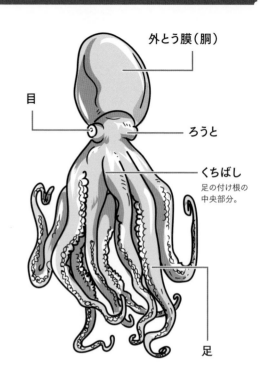

外とう膜（胴）

目

ろうと

くちばし
足の付け根の
中央部分。

足

カニ類

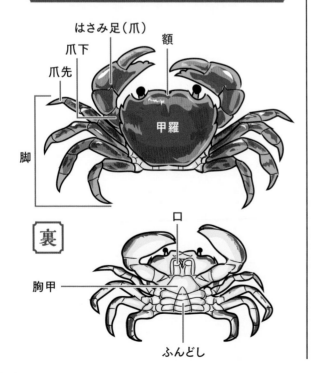

はさみ足（爪）

爪下

額

爪先

甲羅

脚

裏

口

胸甲

ふんどし

エビ類

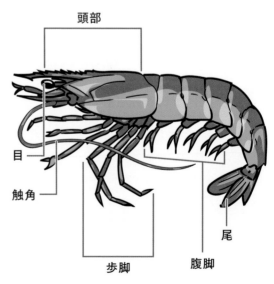

頭部

目

触角

尾

歩脚

腹脚

魚さばきの基本を知ろう

魚を食べるためには、調理しやすい形にさばく必要があります。
まずは、代表的なさばき方の種類や手順などを学びましょう。

上身と下身とは?

魚の左側面(頭を左にして寝かせたときに上側)の肉を上身(うわみ)、下側の肉を下身(したみ)といいます。水揚げされた魚は頭を左にして寝かされるため、このような呼び方になりました。

基本的なおろし方を知ろう

魚のさばき方には種類があり、骨と身を切りはなした状態にすることを「おろす」、魚の背や腹を切って1枚の身に広げることを「開く」といいます。一般的に「三枚おろし」や「五枚おろし」がメインとして使われます。

二枚おろし

魚を上身と中骨の付いた身に分けたさばき方。上身は刺身、骨付きの方は煮付けにおすすめ。

三枚おろし

二枚おろしの状態から中骨と下身をさらに分けたおろし方。もっとも基本的な魚のさばき方。

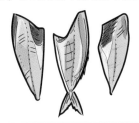

五枚おろし

魚の中央に包丁を入れて、裏表の身を2枚ずつに分けるさばき方。ヒラメやカレイなどの平べったい形の魚に活用。

背開き・腹開き

魚の頭を落とし、背から包丁を入れて開くさばき方を背開き。腹から包丁を入れるときは腹開きという。小魚を揚げ物にするときや、アナゴなど細い魚を開くときに活用。

背開き　　　　腹開き

メインとなる「三枚おろし」「五枚おろし」を詳しく見てみよう

三枚おろし

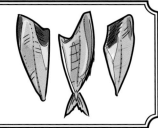

もっともスタンダードなさばき方。刺身や煮付け、焼いたり炒めたり、いろいろな料理に使えます。

◆1 頭を落とす

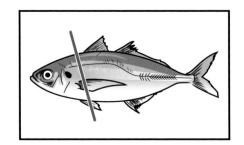

ウロコを取ったら、魚の頭が左に向くようにまな板に置く。胸ビレを立て、その右側のカマのライン（胸ビレの付け根と腹ビレの付け根を結んだ斜めのライン）に包丁を当て、頭を切り落とす。このときに下側の皮までしっかり切ること。大きい魚の場合は、片方からでは切り落とせないので、両側から包丁を入れて切る。

◆2 内臓を取る

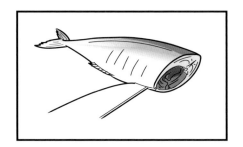

頭を落とした断面から包丁を入れ、内臓を傷つけないように肛門に向かって切る。腹を開き、包丁の刃先で内臓をかき出したら、流水で腹の中をよく洗う。大きい魚の場合は、内臓の付け根を包丁で切り離し、手で取り出す。汚れを取った後はキッチンペーパーでしっかりと水気を取る。

◆3 下身をおろす

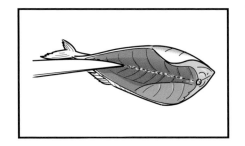

腹側から尾まで皮を切るイメージで包丁で切れ目を入れたら、切れ目に沿って包丁を中骨まで入れて切る。包丁に中骨が当たっている感覚があるとGOOD。腹側が切れたら、魚の背が手前、頭が左側になるように置き、背ビレの上を頭側から尾へ中骨まで包丁を入れる。つながっているのが中骨だけになったら、尾の部分に包丁を貫通させ、頭に向かって中骨の上に刃を滑らせ、中骨と身を切り離す。最後に尾の付け根を切って、骨と身を切り離す。この状態が二枚おろし。

◆4 上身をおろす

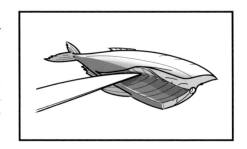

皮目を上にして置き、上身の中骨の上に刃を入れて、下身と同様に背側に切り込みを入れてから中骨まで包丁を入れる。腹側も同様にし、中骨の上に刃を滑らせ、最後に尾の付け根を切って、骨と身を切り離す。身に残っている腹骨を包丁でそぎ取る。上身、中骨、下身の3枚に身が分かれ、三枚おろしの完成。

五枚おろし

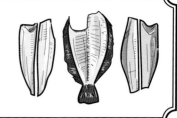

ヒラメやカレイなどを切り分けるときの基本的なさばき方。マグロやカツオなどの横幅のある魚をさばくこともあります。

 頭を落とす

ヒラメやカレイの場合、すき引きをして、魚の頭が左に向くようにまな板に置く（体の裏表はどちらでもやりやすい方でOK）。下側から胸ビレからカマに向けてななめのラインに包丁を入れる。上側からも同様に包丁を入れる。体を裏返し、反対側も同じように包丁を入れ、頭を切り落とす。

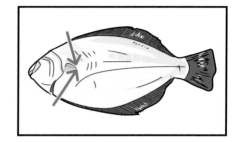

 内臓を取る

頭部の骨をしっかり断ち切り、頭部を引っ張る。内臓がつながっているので、一緒に取り出す。流水で腹の中をよく洗い、キッチンペーパーでしっかりと水気を取る。

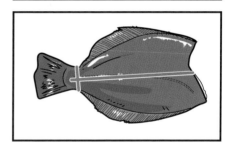

③ **背骨に沿って切る**

断面から背骨の位置を確認し、背骨に沿って頭側から尾ビレまで包丁を入れる。尾ビレの付け根部分に切れ目を入れる。

 背側の身をおろす

背骨の切れ目からヒレ側に向かって包丁を入れ、はがすように上身を切り取る。エンガワ付近では包丁が骨にあたるため、ゴリゴリとした感触がある。反対側も同様に切り取る。

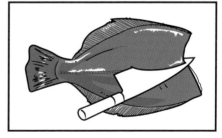

 腹側の身をおろす

魚を裏返し、背側の身と同じ工程でさばいていく。背側の身が右左2枚、腹側の身が右左2枚、中骨1枚の五枚おろしの完成。

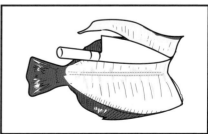

さばきテクニック

皮引き

皮引きとは、魚の皮を引きはがす処理のことです。生の魚の皮はとてもかたいため、刺身など生食するときには「皮引き」をして、不要な皮を取り除きます。

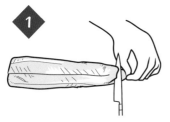

1 左手で尾の皮を持ち、皮と身の間に包丁を入れる。

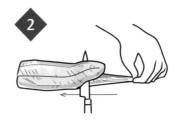

2 皮を引っ張るようにしながら刃を滑らせる。

3 身から皮をしっかりはがして、完成。

湯引き

タイやハモなどは「湯引き」という処理をして、皮をつけたまま刺身にすることがあります。皮目を上にしてキッチンペーパーをかぶせ、熱湯をさっとかけ、素早く氷水で冷やしてから水気を取ります。そうすることで皮がやわらかくなり、身が引き締まります。

エラを抜く

通常、エラは頭と一緒に切り落とします。しかし、頭を使って調理する場合には、エラをつけたままでは血生臭くなってしまうため、エラを抜く必要があります。

1 エラぶたを開き、カマに沿って隙間に包丁を差し込む。大きい魚の場合は、先に付け根に包丁を入れ、エラの付け根を切っておく。

2 包丁をねじり、エラを巻き込む。

3 包丁でエラをまな板に押しつけ、魚を上に引っ張るようにしてエラを抜き取る。

道具をそろえよう

魚をさばくためには、包丁をはじめとしていくつかの道具が必要になります。
それぞれの使い方や特徴を確認しましょう。

包丁

魚さばきの必須アイテム。用途によってさまざまな形やサイズがあります。
基本である出刃包丁と柳刃包丁はそろえておきましょう。

出刃包丁

魚を三枚におろしたりするときに使用する、魚をさばく用の包丁。刃が厚いので、硬い皮や背骨を切ることができる。

柳刃包丁

出刃包丁でおろした後に、サクを取ったり、サクを刺身用に切るときに使用する。皮を引くときにもこの包丁を使う。

三徳包丁

一般家庭で使われる基本的な両刃の包丁。魚さばき用の包丁ではないが、あまり大きくない魚なら問題ない。

大きな魚や硬い魚はどうしても出刃包丁などいろんな包丁が必要になりますが、普段の調理は「愛用の1本」で十分です。
僕は使いやすさだけでなく、見た目のかっこよさも気にしちゃいますね。包丁は、使ってテンションが上がるものがいい！

牛刀

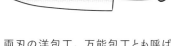

両刃の洋包丁。万能包丁とも呼ばれる。三徳包丁よりも長い刃渡りが特徴。魚をさばくところから刺身の切りつけまでこの一本で行える。

ペティナイフ

小回りの利く小さめな洋包丁。本来は果物や野菜用の包丁だが、小さめの魚をさばくのに使いやすい。

きまぐれぶるー包丁でやる気MAX！

使いやすくてかっこいい包丁が欲しくて、オリジナルの「きまぐれ包丁」を作っちゃいました。チタンコーティングで切れ味よし、グリップはふっくらと丸みがあって握りやすいです。さらに持ち手から刃先まで「きまぐれぶるー」カラーリングでかっこいい！ みなさんもお気に入りの包丁を見つけてくださいね。

その他の道具

魚をさばくために必要なのは包丁だけではありません。必須アイテムから、あったら便利なアイテムまで紹介します。

ウロコ取り

さばく前の下処理としてウロコを取るための道具。包丁でこそぐよりも素早くウロコを取ることができる。

キッチンバサミ

さばく前の下処理として、魚の硬いヒレやトゲを切り取るのに使う。大きめでしっかりしたものを選ぼう。

ブラシ

内臓をかき出したあとによく洗うための道具。小さい魚を洗うときは歯ブラシでも代用可能。

キッチンペーパー

汚れをふいたり、魚の水気を取るために使う。すぐ使える位置に置いておくとGOOD。

ビニール袋

さばいている最中に出る魚の骨や内臓などは臭うので、ビニール袋に入れてしっかり口を閉じるようにしよう。

新聞紙

魚の水気を切ったり、内臓だけ取り除いた魚を保存するときに腹に詰めたりする。また、まな板が汚れないように魚の下に敷くこともある。

軍手

皮膚が弱い人は魚の血にかぶれることがあるので軍手か手袋を使うように。また、鋭いトゲがある魚をさばくときに使う。

骨抜き

魚はおろしたあとも、身の中に小骨が残っているため、刺身にするときは必ず骨抜きで処理をする。

石鹸

魚を触ったあとの手は生臭くなるため、こまめに石鹸で洗うようにしよう。臭い取り用の石鹸もある。

第1章

基本の魚
をさばいていくっ!

‖ シマアジ ‖
P.18

‖ キンメダイ ‖
P.20

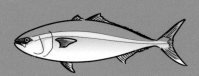

‖ ブリ ‖
P.22

‖ スマガツオ ‖
P.24

‖ マダコ ‖
P.26

‖ ハマグリ・
サザエ・クロアワビ ‖
P.28

‖ ホンマグロ ‖
P.30

‖ マガキ ‖
P.32

‖ ボタンエビ ‖
P.33

シマアジ

天然ものは幻といわれるくらいの珍しさ！ ここでさばくのは養殖のもの。
脂たっぷりのコチラをさばいていきます。

用意するもの　出刃包丁

😊 ウロコを取る

流水で洗う。包丁を寝かせ、尾の付近のゼイゴを切り取る。そのあと、包丁の先を立て、尾から頭の方向に動かしてウロコを取る。

😊 頭を落とす

胸ビレの右側からカマ下に、魚の左右両側から包丁を入れて頭を落とす。

きまぐれアドバイス

丸魚は最初に必ず洗います。また、脂ののった魚をさばくときは、ときどき包丁についた脂をキッチンペーパーで拭きましょう。滑ると危ないので！

😊 内臓を取る

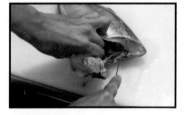

肛門まで包丁を入れて腹を開き、内臓を取り出す。

😊 三枚におろす

腹から尾まで腹ビレの少し上に包丁でガイドラインとして切れ目を入れる。ラインに沿って中骨まで包丁を入れる。

背中側に返し、尾から頭まで背ビレの少し上に包丁で切れ目を入れ、左手で切れ目を広げるようにしながら、中骨まで包丁を入れる。

つながっているのが中骨部分だけになったら、左手で尾を持って、尾付近の中骨上で包丁を貫通させ、頭側へ包丁を滑らせる。

最後に、つながったままの尾の付け根を切って身と骨を切り離す。

もう一方の身も同様にして、身と骨を切り離す。

🐟 腹骨をすく

⑥

シマアジの三枚おろしの完成。

腹骨を包丁でそぎ取るようにして取り除く。

腹骨の位置を確認しよう

血合い骨　　　中骨（背骨）

頭 ←　　　　　　→ 尾

腹の身

腹骨

🐟 血合い骨を取る

腹の身を切り離し、背の身と血合い骨にする。背から血合い骨を切り落とす。

🐟 皮を引く

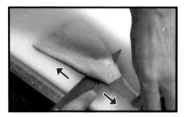

尾の身を少し残して包丁を入れ、皮を左手で持ち、皮と身の間に包丁を入れて皮を引っ張るように皮を引く。包丁の上部を使って引く。

きまぐれアドバイス

シマアジは、皮を引くところが一番重要。背中側のギラギラは銀色で、銀色をしっかり残すように引けたら成功！ 1回1回包丁の脂を落とします。

🍽 いただきます！

【 シマアジの刺身 】

シマアジはやっぱり刺身！ まな板の上のつまみ食い、お行儀悪いけどサイコー！

トッ トッ トッ トッ トッ

きまぐれクック こぼれ話

失敗しても大丈夫！
皮引きリカバリー術

「皮引きに失敗してしまった！」というときは、慌てずにリカバリー。皮が残ってしまったところに少し切れ込みを入れて、同じように皮を引けば、簡単にリカバリーできます。

アジなら手でもOK！
シマアジは手でも皮が引ける魚なので、尾の方からキッチンペーパーなどを使って皮をつかみ、そのまま引けばリカバリーが可能。

キンメダイ

一番好きな魚は何かと聞かれて、キンメダイと答える方も多いのでは？
万人受けするおいしいコチラをさばきます。

| 用意するもの | ウロコ取り／三徳包丁／骨抜き |

👀 ウロコを取る

①シンクで水を流しながら、ウロコ取りでウロコを取る。必ず尾から頭に向けて取る。

②カマの下のウロコもしっかり取っておく。ここでも尾の方から頭に向けて取る。

きまぐれアドバイス

キンメダイは目利きの難しい魚。腹が太くて硬くマッチョで、体高があり、頭周りの分厚いヤツを選びましょう。

👀 エラを抜く

①エラぶたからエラの下に包丁を入れ、両側のエラの付け根を切り取っていく。

②包丁の先でえぐり取るようにエラを取り出し、身に付いたエラの先端を切って取り除く。

👀 頭を落とす

頭の付け根に両側から包丁を入れて頭を落とす。

👀 内臓を取る

腹に包丁を入れて腹を開き、内臓を取り出す。腹の中は水洗いし、キッチンペーパーで水気を拭き取る。

👀 三枚におろす

①腹から尾までヒレの少し上に包丁でガイドラインとして切れ目を入れる。ラインに沿って中骨まで包丁を入れる。

②背中側に返し、尾から頭までヒレの少し上に包丁でガイドラインとして切れ目を入れる。ラインに沿って中骨まで包丁を入れる。

③

尾の付け根に包丁を貫通させ、左手で尾を持って頭側へ包丁を滑らせる。尾の付け根を切って身と骨を切り離す。

④

もう一方の身も腹、背の順で中骨まで包丁を進める。背側が開いたら、あばら骨の部分を切り離し、尾の付け根を切って身と骨を切り離す。

きまぐれアドバイス

背側から包丁を入れるとき、頭の近くまでしっかり入れずに身を離そうとすると、身が割れてしまいます。キンメダイは特に割れやすいので気をつけて。

腹骨をすく

腹骨を包丁でそぎ取るようにして取り除く。

血合い骨を抜く

背中側の頭寄りにある血合い骨を骨抜きで抜く。難しそうなら、三角形に切り取ってもOK。

カブト割りをする

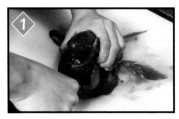

①

頭をまな板につけ、口の中に包丁を入れ、下アゴを左手でしっかりと持って固定し、目と目の間を切る。これで頭の上部が割れる。

②

切れ目を上にして頭を置き、カマの真ん中に切れ目を入れて頭を左右に開く。キンメダイの頭はとても硬いので、ケガをしないように注意する。

③

カマに包丁を入れ、カマの部分を左右に切り離す。

④

顔を手前に向け、下アゴの部分を切り離し、頭を2つに切り分ける。

顔のウロコを取る

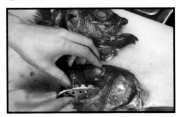

エラぶたやほおなど、ウロコが残っている場合は丁寧にウロコ取りで取り除き、水洗いする。このとき、内側もよく洗う。

いただきます！

[キンメダイの
カブト煮]

カブト煮は、カマ、ほお肉、そして目玉がウマい！

作り方
P.34

ブリ

冬においしい魚で、まっさきに思い浮かぶのがブリ。
重さ11.4kg、体高が30cmくらい、とんでもないサイズのブリをさばいていきます。

用意するもの 出刃包丁／柳刃包丁／ハサミ／ウロコ取り／ブラシ／ゴム手袋

😊 すき引きでウロコを取る

ヒレを全部落とす。胸ビレはブリを立てて出刃包丁で落とす方法が安全。他はハサミで落とす。トゲのような背ビレも忘れずに。

中央、背中側、腹側の順ですき引きする。尾を持ち、尾から頭の方へゆっくりと柳刃包丁の全面を大きく動かしてウロコを引いていく。

きまぐれアドバイス
身が出ないように薄く引くコツは、魚体を押さえないこと。押さえると下の皮まで切ってしまうので注意。慣れると、めちゃくちゃ楽しいですよ！

😊 内臓を取る

エラの隙間に出刃包丁を入れて開き、腹から尾の手前まで包丁を入れる。

腹を割り、内臓を取り出す。

きまぐれアドバイス
ブリの血に触れると肌が荒れることがあるので、できればゴム手袋や軍手をしましょう。僕もよく荒れます。

😊 頭を落とす

エラの隙間から包丁を入れて背骨の関節を探し、そこを押すようにして頭を切り落とす。頭が落ちたら、流水で洗う。

😊 血合いを取る

シンクの中で血合いを取る。ウロコ取りで膜に傷をつけておおまかに取ったあと、流水で洗いながらブラシを使ってきれいに取る。

😊 三枚におろす

腹から尾まで包丁を入れると、皮を持てるようになるので、皮を持ち上げて骨と身の間に包丁を入れていく。

②

背側に返し、ヒレの少し上にガイドラインとして切れ目を入れたら、左手で身を押すようにして切れ目の隙間を開け、包丁を入れていく。

③

同じところに5、6回包丁を入れ、ゆっくりと少しずつ中骨まで身と骨を切り離していく。

④

最後まで包丁が入ったら尾を持ち、包丁を貫通させて尾から頭の方へ中骨の上に包丁を滑らせて身を切り離す。

⑤

反対側も同様に切り離す。骨側を上にし、腹側は腹骨の下に、背側は中骨の下にガイドラインを入れてから滑らせるように包丁を入れる。

⑥

中骨の太いところまで包丁が入ったら、尾から包丁を入れて頭の方へ中骨の下に包丁を滑らせ、尾を切って身と骨を切り離す。

きまぐれアドバイス

反対側をおろす包丁の向きは若干上向き。力を入れると、押さえている手を切っちゃうので、身をめくりながら包丁をゆっくり入れてください。

😊 カマを落とす

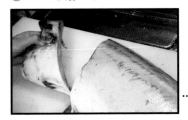

カマの部分を落とす。大きめに落とすと、カマだけを焼いて料理にできるので便利。

カマの位置を知ろう！

カマはエラ下の胸ビレから腹ビレにかけての部位。

😊 腹骨をすく

内臓を取ったあたりにある腹骨を包丁でそぐように落とす。このとき、薄皮もできるだけ引いておく。

😊 血合い骨を落とす

身を背側と腹側に切り分け、血合い骨を落とす。この状態にすれば、切り身にしたり薄切りにしたりして料理に使える。

いただきます！

[ブリのしゃぶしゃぶ]

天然ブリは脂が全然しつこくなくてウマい！

作り方 P.35

スマガツオ

カツオの中で一番おいしいといわれる、幻のカツオが、このスマガツオ。
しっとり脂がのっていて、カツオとマグロの中間のような味わいです。

用意するもの 出刃包丁

😋 洗う

流水でよく洗う。

😋 顔周りをすき引きする

カツオは顔周りにだけ硬いウロコがあるので、胸ビレの後ろから刃先を寝かせた包丁を滑らせ、ウロコを薄くはぐ。

> **きまぐれアドバイス**
> 普通のカツオと同様、スマガツオも頭の近くに硬いウロコがあります。これを残したままタタキにしちゃうと食べたときに口の中に残ってしまいます。

😋 頭を落とす

ウロコをはぐ流れで、そのまま両側のカマの位置に斜めに包丁を入れ、頭を落とす。

😋 内臓を取る

腹を包丁で尾ビレまで切り開き、内臓を取り除く。

😋 血合いを洗う

血合いの膜を刃先で傷つけ、流水で洗って血合いを取り除く。

😋 背ビレを外す

背ビレの両側に、尾から頭に向けて逆包丁で切れ目を入れる。

尾の方から背ビレに包丁を入れ、切り落とす。

> **きまぐれアドバイス**
> カツオは背ビレがすごく硬いので、おろす前に取ります。背ビレ両側に逆包丁を入れるときは、刃先を外側に向け、少し斜めに入れます。

😊 三枚におろす

腹から尾までヒレの少し上に包丁でガイドラインとして切れ目を入れ、ラインに沿って中骨まで包丁を入れる。

背中側に返し、尾から頭までヒレの少し上に包丁でガイドラインとして切れ目を入れ、ラインに沿って中骨まで包丁を入れて貫通させる。

尾の付け根を切り、あばらの部分を切り離して身を骨から外す。

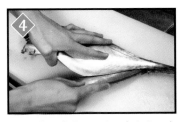

もう一方の身をおろす。身を上に向けて腹から尾までヒレの少し上にガイドラインとして切れ目を入れ、ラインに沿って中骨まで包丁を入れる。

骨を上にして、背中側に返し、尾から頭まで中骨の少し下に包丁で切れ目を入れる。

尾のあたりに包丁を貫通させ、頭側へ包丁を滑らせる。

尾を切って身と骨を切り離す。

😊 腹骨をすく

腹骨を包丁でそぎ取るようにして取り除く。

😊 腹の身の骨を切り落とす

腹の身の頭の近くに骨があるので三角形に切り落とす。

😊 血合い骨を取る

身を背側と腹側に切り分け、血合い骨を切り落とす。残った血合いが気になる場合は切り落とす。

🍽 いただきます！

[カツオのタタキ]

梅肉とめちゃくちゃ合う！ 生臭さが消えるのでおすすめ！

作り方
P.35

マダコ

期待を裏切らないおいしさが魅力。
タコ専用の餌木で釣り上げた800gのマダコをさばきます。

用意するもの 出刃包丁

😀 内臓を取る

頭をくるっと手でひっくり返す。

😀 頭を落とす

手で内臓を引きちぎるようにして取り除く。

きまぐれアドバイス

生きたタコを締めるときは、眉間に包丁を刺します。ちなみに、タコの頭っていわれる部分は頭ではなくて、内臓の入っているお腹なんですよ！

😀 エラと肝、墨袋を取る

手でエラを取り除く。肝と墨袋は包丁で切り取る。

タコの体の構造を知ろう！

腎臓　胃　心臓
エラ　弁
脳

くちばし ※足の付け根の中央部分。

😀 頭を元に戻す

ひっくり返した頭を元に戻す。これで下処理の完了。

😀 冷凍する

1杯ずつビニール袋に入れ、密封して1、2日ほど冷凍する。

凍らせたタコは、流水で解凍する。

きまぐれアドバイス

タコは冷凍することでぬめりが取れやすくなり、食感もやわらかくなります。なので、下処理をしたら、一度あえて冷凍することをおすすめします！

ぬめりを取る

解凍したタコをボウルに入れ、塩を振る。

塩をよくもみ込んでぬめりを落とし、流水で洗い流す。

きまぐれアドバイス

タコは、ゆでる前に必ずぬめり取りをしてください。これを怠ると、すごく生臭いんでね。もむときは、力を入れてしっかりもんでください！

マッサージする

さらにやわらかくするために、タコをマッサージするようにもんで細胞を壊す。

調理：切り分ける

目を頭の方につけて頭を落とし、頭と足を切り離す。

足を1本ずつ切り分ける。頭からは目を取り除く。

ゆでダコ：丸ごとゆでる

鍋に湯を沸かし、塩を加えて切り分ける前のタコを丸ごと、足の方から入れてゆでる。

足が丸まってきたところで頭まで入れ、ふたをして3～5分ゆでる。ハサミで食べやすい大きさに切る。

きまぐれアドバイス

タコのゆで方は、お酢を入れたり、炭酸水でゆでたりといろいろ。好みの方法でゆでたってください！ 僕はゆでたあと、冷やして食べるのが好きです。

いただきます！

【 タコのから揚げ 】

ジュー ジュー

やわらかっ！ 30分漬け込んだら味がちょっと濃くなったけどビールにめっちゃ合う！

作り方
P.35

27

ハマグリ・サザエ・クロアワビ

まるで宝箱！ 新鮮で高級な貝類たち。
硬い殻もコツをつかめば、簡単に開けられます。

用意するもの 三徳包丁／パレットナイフ／ブラシ／木べら

ハマグリ／むき身にする

貝の隙間にパレットナイフを当て、まな板に打ちつけるようにしてナイフを差し込む。

ナイフが入ったら隙間に沿ってナイフを滑らせ、左右の貝柱を断ち切る。ふたを開け、身を取り出す。

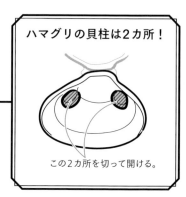

ハマグリの貝柱は2カ所！

この2カ所を切って開ける。

サザエ／身を取り出す

① ふたの付け根に一気にナイフを差し込む。

② ナイフを回しながら、えぐり取るように身を取り出す。

きまぐれアドバイス

正面から見たときに、ふたの周りに黄色いひだが出てるサザエはとっても身入りがいいです。ぜひ覚えておいてください。

残りの身を取り出す

殻に指を入れ、膜を指先で外したら、くるんと回しながら残りの身を取り出す。

肝を処理する

うずまき部分から下を包丁で切り離す。その上の肝には砂が入っているため、取り除く。

サザエの中身を知ろう！

ふた
くちばし
肝の食べられない部位
身
うずまき
肝の食べられる部位

😶 はかまを取る

貝柱の周りにあるひらひらした部分（はかま）は苦いので包丁で切って取り除く。

😶 ふたを外す

ふたを包丁で切り落とす。

😶 くちばしを取り除く

ふたを外したところを手で押すと、赤い部分が出てくる。このくちばしを手で取り除く。

😶 アワビ／洗う

アワビは直接、岩に貼り付いているので、ブラシなどを使ってよく洗う。

😶 身を外す

① 殻の浅い方から身と殻の間に木べらを差し込み、殻に沿ってへらを動かして中央付近にある貝柱を外す。

きまぐれアドバイス

アワビの身を外すときは、スプーンや木べらがやりやすいですね。とくに木べらは貝柱がこすれるイヤな音も鳴らないので、おすすめです！

😶 肝を外す

殻に残っている肝を手で外す。太い方からむくように手で外すと、肝が破れにくい。

😶 くちばしを外す

貝柱のすぐ上を指で押すと、赤いくちばしが出てくるので手で取り除く。

② 貝柱が外れたら、逆側の身の厚い方に指を入れ、手で身を外す。

🍴 いただきます！

【 貝の炊き込みご飯 】

アワビは少し大きめに切るのがポイント。貝のだしたっぷりでウマい!!

ばっちりですね！

ホンマグロ

さばいた魚を刺身や寿司にするために短冊状に切り分けるのがサク取り。
三枚におろしたホンマグロのサクを取っていく。

用意するもの 柳刃包丁／バット／吸水シート

🐟 マグロを用意する

三枚おろしにしたマグロの片身を、背側と腹側に分けた状態にする。

ホンマグロの部位を知ろう！

赤身

中〜大トロ

大トロ（腹の頭に近い部位）　中トロ（腹の尾に近い部位）

🐟 バットの準備

サク取りしたマグロを入れるためのバットに吸水シートを敷いておく。

🐟 背中側の皮を取る

皮を上に向けて身を置き、皮と身の間に包丁を入れてそぎ取るように皮を取り除く。

🐟 血合いを取る

血合いに包丁を入れて切り落とす。

🐟 腹骨をすく

腹側の身は包丁でそぐように腹骨を切り取る。

🐟 腹側の血合いを取る

腹側の身の血合いを包丁で切り落とす。

🐟 腹側の身を切り分ける

腹骨を取った部分（大トロ）と赤身の部分を切り分ける。腹骨に付いた身はスプーンでこそげ取るとねぎトロに使える。

🐟 腹側の皮を引く

皮を下にして置く。尾の方の皮を手で持って皮と身の間に包丁を入れ、皮を引っ張るようにして皮を取り除く。

😋 腹の骨を取り除く

腹骨のあった部位（大トロ）の頭側の骨がある部分を斜めに切り落とし、骨の部分をそぎ取るように切る。

😋 サク取りする（背中側）

皮と骨が取れた状態。これをサク取りしていく。

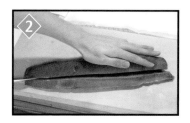

背側の背ビレに近い部分（サンカク）を切り落とす。

※サンカクは筋が多いが、煮るなどして火を通すとやわらかく、おいしく食べられる。

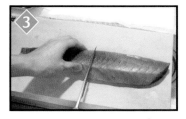

サンカクを除いた背の身を半分に切る。ここから3つのサクを取る。

断面の筋の入り方を確認し、サクを取る位置を確認する。

筋に垂直になるように包丁を入れ、切り分ける。①のサクが完成。

😋 サク取りする（腹側）

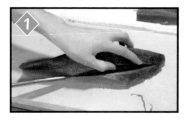

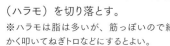

残りの身は立て、筋に垂直に包丁が入るよう、半分に切り分ける。②、③のサクが完成。もう半分の背の身も同様に切り分け、3つのサクを取る。

腹身側の大トロの横に当たる部分（ハラモ）を切り落とす。

※ハラモは脂は多いが、筋っぽいので細かく叩いてねぎトロなどにするとよい。

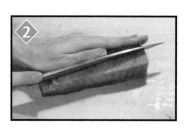

ハラモを除いた腹の身を半分に切り、頭側は背の身と同様にそれぞれ3つのサクを取る。

腹の身の尾側と大トロ部分は、それぞれ半分に切って2つずつサクを取る。切り取ったサクは吸水シートを敷いたバットに並べて保存する。

🥢 いただきます！

【 ホンマグロ丼 】

今日1日が最高の日になるって約束されたようなウマさ!!!

マガキ

パリのオイスターバーで食べた絶品ソース。
その味を再現するべく、ア●ゾンで買ったマガキをさばきます。

用意するもの オイスターナイフ／軍手

🐚 貝柱を切る

生食用のカキを用意し、開口部を中心に殻ごとよく洗う。軍手を着用し、平らな方を上に持ち、殻の先端側からオイスターナイフを差し込む。

🐚 殻を開ける

中央付近にある貝柱を断ち切り、殻のふたを開ける。

きまぐれアドバイス

開けたときに、黄色い汁が出ているものがあったら、腐っているので食べないでください。食べたら一発で食当たりします！

🐚 貝柱を外す

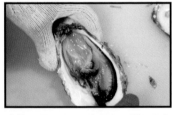

貝柱の下にナイフを入れ、殻から身を外す。

カキの貝柱は1カ所！

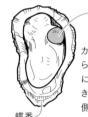

貝柱

カキの貝柱は、平らな方の殻を表にして置いたとき、中心より右上側の位置の下殻にある。

蝶番

🐚 身を裏返す

身を反転させると、ふっくらした方が上に向き、見栄えがよくなる。

いただきます！

[生ガキの ミニョネットソース]

ミニョネットソースは、カキを何個でも食べられる、悪魔のソースなんですよ。

トッ トッ トッ トッ トッ トッ トッ トッ

作り方 P.35

ボタンエビ

冷凍でない、生のままのボタンエビをゲット！
きれいなオレンジ色で鮮度も抜群です。

用意するもの 三徳包丁／ゴム手袋

😊 刺身：頭付きで殻をむく

刺身にする場合は、頭を付けたまま殻をむく。頭に鋭いトゲがあるのでゴム手袋を着用する。尾の殻を残して、尾から頭に向けてむく。

😊 刺身：食塩水で洗う

触角と額角を包丁で切り落とす。食塩水で軽く洗ってアクとぬめり、汚れを取り除く。これで尾頭付きの刺身になる。

😊 天ぷら：頭を取る

天ぷらにする場合は、ゴム手袋を着用してエビの頭の根元部分を持ち、ひねるようにして取る。

😊 天ぷら：殻をむく

腹側から指を入れ、尾の第一関節を残して頭から尾に向けて殻をむく。

😊 天ぷら：尾の水分を抜く

尾をたたんで斜めに切り、尾の中の水分を包丁でしごき出す。水気を拭き、腹側に、身の中心の深さまで斜めに包丁で筋目を入れる。

きまぐれアドバイス

エビは頭のミソから悪くなるので、冷蔵庫で保存する場合は、頭を先に取っちゃった方がいいですね。赤くきれいな頭は味噌汁に使いましょう！

いただきます！

[ボタンエビの天ぷら]

口の中いっぱいに旨みが広がります!! ボタンエビ以外のエビは背ワタを取りましょう。

いただきます！

さばいた魚でいろいろな料理を適当に（笑）作ってきた僕ですが、その中でも
おいしかったレシピを紹介します。ぜひ作ってみてください。

[キンメダイのカブト煮]

キンメダイのさばき方 ➡ P.20

材料

キンメダイの頭…1尾分
塩…適量
ちくわぶ…2本
大根…1/2本
木の芽…適宜

A
水…600ml
しょうゆ…150ml
ザラメ…50g
酒…150ml
みりん…150ml
しょうがの薄切り…4枚

道具

ザル
キッチンペーパー

作り方

1 カブト割りにしたキンメダイの頭に塩を振る。ザルにのせて30分ほどおき、臭みの原因となる余分な水分を抜く。

2 キンメダイの頭の裏と表に熱湯をかけ、水で洗い流す。キッチンペーパーで拭うようにして、残っているウロコを取り除く。

[調理ポイント]

熱湯をかけることで、取り残したウロコが逆立つ。キッチンペーパーでなぞると簡単にウロコが取れるので、しっかり除去しよう。ヒレの付け根あたりにもウロコが残りやすいので、しっかりチェックする。

3 ちくわぶは1cm厚さの輪切りに、大根は皮をむき、一口大の乱切りにする。

4 鍋にAを合わせ、ちくわぶを入れて火にかける。煮汁がフツフツとしてきたところで2、大根の順番で加え、ふたをして20分ほど煮る。

5 器に盛って木の芽を添える。

［ ブリのしゃぶしゃぶ ］

ブリのさばき方 ➡ P.22

材料

ブリ（腹側の身）… 2/3	ポン酢しょうゆ… 適量
すだち… 適宜	ねぎの小口切り… 適量
だし昆布… 適量	

作り方

1 ブリは好みで皮を引いてサクにし、薄切りにして皿に並べ、すだちを添える。

2 鍋に水とだし昆布を入れて火にかける。

3 2が沸いたら、1をさっとくぐらせ、ねぎを加えたポン酢しょうゆにつけて食べる。

［ カツオのタタキ ］

スマガツオのさばき方 ➡ P.24

材料

スマガツオ（三枚おろし）… 片身分	道具
塩… 適量	バット（ステンレス製）
梅肉… 適量	ガスバーナー
ポン酢しょうゆ… 適量	

作り方

1 カツオの身を下にしてバットの上に置き、皮目に塩をまんべんなく振る。

2 ガスバーナーで1を皮目から全体を炙り、1cm厚さに切り分ける。

3 梅肉をのせ、ポン酢しょうゆにつけて食べる。

［ タコのから揚げ ］

マダコのさばき方 ➡ P.26

材料

タコの足… 2〜3本	酒… 50ml
片栗粉… 適量	しょうゆ… 50ml
揚げ油… 適量	A にんにくのすりおろし… 1片分
すだち… 1個	しょうがのすりおろし… 1片分

道具

ビニール袋
ボウル

作り方

1 タコの足は食べやすい大きさにぶつ切りにする。

2 ボウルにAを合わせ、1を入れて20分ほど漬け込む。

3 ビニール袋に片栗粉を入れ、2のタコを入れて振る。

4 揚げ油を熱し、3をカラっと揚げ、カットしたすだちを添える。

［ 生ガキのミニョネットソース ］

マガキのさばき方 ➡ P.32

材料

カキ… 適量
ラズベリービネガー… 適量
（赤ワインビネガーや白ワインビネガーでもよい）
エシャロット… 適量

道具

ボウル

作り方

1 エシャロットはみじん切りにし、ボウルに入れる。

2 1が浸るぐらいのラズベリービネガーを入れ、ミニョネットソースを作る。

3 カキにミニョネットソースをのせ、身で包むようにして食べる。

ウロコ取りとすき引きはどう違うの？

Q 魚をさばく前の処理にウロコ取りをする魚と、すき引きをする魚がいるけれど、いったいどう違うんですか？

A キンメダイやメバルのようなウロコがやわらかくてはがれやすい魚は、ウロコ取りを使ってウロコを取ります。こうすると皮目もきれいに出ます。でも、ハタやヒラメのようにウロコが硬くて身にくい込んでいたり、細かくてはがしにくかったりする魚の場合は、包丁でウロコをはぎます。これが「すき引き」です。「ウロコ取りでは難しい！」ってなったら、すき引きをしてみてください。

ウロコ取りのコツ

ウロコは頭から尾に向けて重なっているため、その反対側の尾から頭に向けてウロコ取りを動かし、めくるようにして取っていきます。ヒレの付け根にウロコが残りやすいので、取り残しがないように！　勢いよくやりすぎるとウロコが飛び散ってしまうので、焦らずゆっくりやりましょう。

すき引きのコツ

すき引きには柳刃包丁が使いやすくておすすめです。包丁を寝かせて尾びれの付け根から、ウロコの下にある薄皮に入れ、包丁を上下に大きく動かしながら、尾から頭に向かって表面の薄皮ごと取り除いていきます。ポイントは刃先だけではなく、包丁全体をしっかり使うことです！

第 2 章

身近な魚
をさばいていくっ!

‖ マサバ ‖
P.38

‖ ヒラメ ‖
P.40

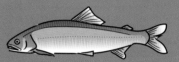

‖ アユ ‖
P.42

‖ カンパチ ‖
P.44

‖ サワラ ‖
P.46

‖ サゴシ ‖
P.48

‖ イサキ ‖
P.50

‖ マダイ ‖
P.52

‖ カサゴ ‖
P.54

‖ マツバガニ ‖
P.56

‖ スルメイカ ‖
P.58

マサバ

サバの仲間で一番脂がのっておいしいのがマサバ。
特大サイズで鮮度も抜群のコチラをさばきます。

用意するもの 出刃包丁／ブラシ／骨抜き

😎 ウロコとぬめりを取る

新鮮なサバの表面には強いぬめりがあるため、包丁を滑らせるようにして、ウロコとぬめりを取る。

😎 頭を落とす

胸ビレの下から包丁を入れる。

反対側も同様に包丁を入れ、頭を落とす。

😎 内臓を取る

腹に包丁を入れて開き、内臓を取り出す。

😎 血合いを取る

血合いの膜に傷をつけ、ブラシでこすって洗い流す。

きまぐれアドバイス

血合いの取り方ですが、僕は骨抜きの反対側なんかを使って大まかに取ったあと、ブラシでこすって落とします。歯ブラシでもいいですね。

😎 水気を拭く

洗い流したあとは外側も内側も、キッチンペーパーでよく水気を拭き取る。

😎 三枚におろす

腹から尾までヒレの少し上に、中骨まで包丁を入れる。

きまぐれアドバイス

サバは身がとってもやわらかいので、できるだけ一太刀で中骨まで入れてください。あまりギコギコギコギコ包丁を入れちゃうと、身が割れちゃいますので！

2

背中側に返し、ヒレの少し上側を
尾から頭に向けて包丁を滑らせ、
中骨まで包丁を入れる。

3

尾の付け根に包丁を貫通させ、左
手で尾を持って頭側へ包丁を滑ら
せる。尾の付け根を切って身と骨
を切り離す。

4

もう一方の身も同様に、腹側と背
側から一太刀で中骨まで包丁を入
れ、尾を持って身と骨を切り離す。

〆サバ：塩漬けにする

軽く塩を振ったバットに皮目からサ
バを並べる。上からさらに塩を振り、
ラップをかけたら冷蔵庫で1日寝か
せる。

〆サバ：塩抜きをする

流水で表面の塩を洗い流し、薄い
塩水（1.5％濃度）に1、2時間漬
けて塩抜きをする。

きまぐれアドバイス

塩水で塩抜きをすることを
「迎え塩」や「呼び塩」と
いいます。浸透率の関係で、
早く、そして苦みまで抜くこ
とができます。旨みも逃げに
くいのでおすすめ！

〆サバ：腹骨をすく

身が白っぽくなったら、水気をしっ
かりと拭き取り、腹骨を包丁でそぎ
取るようにできるだけ薄く取り除く。

〆サバ：血合い骨処理

骨抜きで血合い骨を抜く。骨は中
央のラインに10〜20本入っている。

〆サバ：酢漬けにする

バットに身が隠れる程度の酢を入
れ、砂糖（大さじ4〜5）、戻した
だし昆布を加え、皮目を上にしてサ
バを入れ、3時間ほど漬ける。

〆サバ：薄皮を引く

水気をしっかりと拭き取り、手で薄
皮をめくって取り除く。

いただきます！

【 炙り〆サバの
棒寿司 】

〆てあるから、さっ
ぱり！炙った香ば
しさも最高！

作り方
P.60

体の左側に目がある平べったい魚

ヒラメ

刺身で食べる白身魚の定番、ヒラメ。
表面はちょっと珍しい三枚おろし、裏面はよくある五枚おろしでさばきます。

用意するもの 牛刀（薄刃）

😋 頭を落として内臓を取る

表側のカマのラインに斜めに包丁を入れる。にが玉をつぶさないように注意する。※ここで表裏をすき引きする場合は柳刃包丁を使用する。

裏側も同様に包丁を入れ、内臓ごと頭を取って流水で血合いを洗う。

😋 三枚におろす（表面）

尾が下に向くように置き、尾から頭まで、背の輪郭をなぞるように逆包丁で切れ目を入れる。

尾を左側にして置き、切れ目から背骨の中心まで、頭から尾へ少しずつ滑らせるようにして包丁を入れていく。

背骨までおろしたら、包丁の刃を少し下向きにし、頭側にある腹骨を断ち切る。

きまぐれアドバイス

表面は珍しい三枚おろしに挑戦。背骨の山までおろしたら、腹骨を断ち切ってから包丁を進めます。身が割れそうなときは三枚おろしにしてから半分に切るといいですよ。

骨に沿って、ヒレまで包丁を滑らせていき、身と骨を外す。

😋 五枚におろす（裏面）

尾を下にして置き、体の中心にある線を目安に、縦に切れ目を入れる。尾の付け根は切れ目を入れておく。

きまぐれアドバイス

ヒラメやカレイをおろすときは、まな板の上にキッチンペーパーか布巾を敷きましょう。その上でさばくと滑らないからきれいにできますよ！

中心の切れ目から包丁をヒレの方へ進め、背側の身をおろしていく。

エンガワ付近では骨の角度が変わるので、骨を感じながら慎重に包丁を進める。最後に皮を切って身と骨を外す。

腹側の身は、尾を上に向けて置き、最初に腹骨を断ち切ってからおろし始める。

腹骨が切れたら、背側と同様に少しずつ包丁を進めておろしていく。

😊 ヒレや卵を取り除く

おろした身に、ヒレや卵が付いている場合は、包丁で切って取り除く。

きまぐれアドバイス

ヒレの骨からはとってもいいだしが出ます。捨てずに取っておいて、お吸いものとかお味噌汁などのだしにするとおいしいんですわ。

😊 三枚おろしの身を切る

三枚おろしにした身は、中心で半分に切り分け、五枚おろしと同じ形にする。

😊 腹骨をすく

腹骨を包丁でそぎ取るようにして取り除く。

きまぐれアドバイス

ヒラメの腹骨は5、6本とすごく少なくてあとは膜なので、できるだけ薄ー く薄くそぎ取ってください。

😊 皮を引く

尾の皮を左手で持ち、皮と身の間に包丁を入れて皮を引っ張るように皮を引く。

いただきます！

【 ヒラメの刺身 】

ヒラメの刺身は薄く切ることがポイント。身がプリプリ！

アユ

アユは「香魚」って書くこともあるんですけど、
独特の香りがあって、とてもおいしいんです。ここでは旬の活アユをさばきます。

用意するもの 三徳包丁／串（塩焼きの場合）

締める

活アユの場合は串を打つす前に締めておくとよい。目立たないようにエラの内側に包丁を刺す。

塩焼き：串を打つ

頭を右に向けて置き、エラぶたを開けて串を刺す。

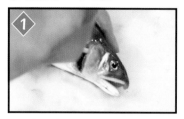

そのまま中骨を縫うようなイメージで串を入れていく。串は身から出ないようにする。

最後は、尾が顔と同じ方向に立つように串を刺す。

アユの体全体が波打つように串が打てたら完成。

塩焼き：塩を振る

身全体にまんべんなく塩を振る。

尾、背ビレ、胸ビレ、腹ビレ、尻ビレにも丁寧に塩をつける。

塩を振って、ヒレが立った状態。この状態で炭火やグリルで焼けば、アユの塩焼きの完成。

きまぐれアドバイス

ヒレにしっかりと丁寧に塩をつけて焼くと、アユが立つんです。お皿に立てて盛りつけることができるので、すごくおしゃれな仕上がりになりますよ。

🐟 刺身：血抜きをする

養殖の活アユは刺身でも食べられる。エラのあたりと尾のあたりに包丁を刺して締め、水で洗って血抜きをする。

🐟 刺身：頭を落とす

胸ビレのあたりに包丁を入れて頭を落とす。

きまぐれアドバイス

姿造りで刺身にしたい場合は、頭と尾を残しておろします。締めるときも目立たないようにエラぶたの内側に包丁を入れましょう。

🐟 刺身：内臓を取る

頭を落としたところから肛門まで腹に包丁で切れ目を入れ、内臓を取り出す。

🐟 刺身：血合いを取る

指先でこすって膜をはがし、血合いを洗い流す。

🐟 刺身：ぬめりを取る

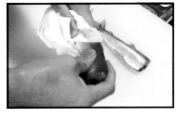

キッチンペーパーで水分とぬめりを拭き取る。

🐟 刺身：大名おろしにする

頭を落としたところから、背骨の上に包丁を入れ、そのまま尻尾まで包丁を進めて骨から身を外す。

反対側の身も同様にして、骨から身を外す。

🐟 刺身：腹骨をすく

腹骨を包丁でそぎ取るようにして取り除く。

🐟 刺身：皮を引く

尾の皮を左手で持ち、皮と身の間に包丁を入れて皮を引っ張るようにして皮を引く。

いただきます！

【 アユの塩焼き 】

塩焼きは背ビレを取って背中からがぶり！脂がのってる！

カンパチ

淡白でクセのない味わいが魅力のカンパチ。
80cmサイズで脂ののったコチラをさばきます。

用意するもの 出刃包丁／柳刃包丁

😊 ヒレを落とす

包丁で背ビレと尻ビレを落とす。

😊 すき引きでウロコを取る

柳刃包丁で中央、背中側、腹側の順ですき引きする。尻尾を左手で持ち、尻尾側から頭側へとそぐようにウロコを取る。

きまぐれアドバイス

すき引きでウロコを取ると、刺身にしたときなど、ウロコが残ってしまうリスクを極限まで抑えられます。

😊 頭を落とす

両側のエラぶたから包丁を入れ、頭を落とす。

😊 内臓を取る

頭を落としたところから肛門まで、腹に包丁で切れ込みを入れ、内臓を取る。内臓が取れたら、血合いを流水で洗って水気を拭き取る。

😊 三枚におろす

肛門から尾まで、ヒレの少し上を皮一枚を切るイメージでガイドラインの切れ目を入れ、滑らせるように中骨まで包丁を入れる。

背中を手前に向け、尾から頭までヒレの少し上にガイドラインの切れ目を入れる。ラインに沿って滑らせるように中骨まで包丁を入れる。

中骨まで包丁が入ったら、尾付近に包丁を入れ、左手で尾を持って頭側へ刃を滑らせ、身と骨を切り離す。最後に尾の部分を切り離す。

きまぐれアドバイス

上身をおろすときは、包丁の向きは若干下に向けるイメージ。中骨までは、ゆーっくりゆっくり包丁を引いていってあげてくださいね。

④ もう一方の身を上にし、尾から肛門までガイドラインの切れ目を入れる。背中側を手前にし、同様に頭から尾までラインを入れる。

⑤ 骨側を上に返し、先ほど入れたラインに沿って包丁をゆっくりと引きながら、中骨まで包丁を入れてゆく。包丁は気持ち上向きで。

⑥ 腹側も同様に、骨を上にして、先ほど入れたラインに沿って中骨まで包丁を入れていく。

⑦ 背側も腹側も中骨まで包丁が入ったら、尾を右にして左手で尾を持ち、尾の付け根に包丁を入れて身と骨を切り離す。

⑧ カンパチの三枚おろしの完成。

👀 カマを落とす

カマの部分を包丁で切り落とす。

👀 腹骨をすく

包丁でそぎ取るようにして腹骨を取り除く。

👀 血合い骨を取る

身を背側と腹側に切り分け、血合い骨を切り落とす。

👀 皮を引く

尾の皮を左手で持ち、皮と身の間に包丁を入れて皮を引っ張るように皮を取り除く。銀色が残れば大成功。

🍴 いただきます！

【 カンパチの漬け丼 】

マグロなどの血の臭いが苦手という人におすすめ！

サワラ

念願だったサワラをついに釣り上げました！
淡白でクセのない白身は、西京焼きにするのがど定番です。

用意するもの 出刃包丁／金だわし

😺 ウロコを取る

金だわしなどを使ってウロコをやさしくこそげ取る。
※サワラやサゴシは新鮮なものにしかウロコがない。

😺 頭と内臓を取る

カマの下に両側から包丁を入れて頭に内臓がついた状態で頭を取り除く。

😺 血合いを取る

包丁で腹を開き、流水で血合いを洗い流す。

😺 三枚におろす

腹から尾までヒレの少し上に包丁でガイドラインの切れ目を入れ、ラインに沿って中骨まで包丁を入れる。

背中側に返し、尾から頭までヒレの少し上に包丁でガイドラインとして切れ目を入れ、ラインに沿って中骨まで包丁を入れていく。

きまぐれアドバイス

自分で釣った魚はまた格別。旬の魚を釣りに行って、さばいてみるのもおすすめです！ 初めてならアジやイワシ、サバのサビキ釣りが簡単で楽しい！

尾の付け根に包丁を貫通させ、左手で尾を持って頭側へ包丁を滑らせる。尾の付け根を切って身と骨を切り離す。

もう一方の身も同様にして骨と身を切り離す。

サワラの三枚おろしの完成。

腹骨をすく

腹骨を包丁でそぎ取るようにして取り除く。

切り身にする

食べやすい大きさに切り分ける。

きまぐれアドバイス

刺身で食べる場合は、血合い骨を取ってください。今回のサワラは釣れたてなので、内臓を取った状態で熟成させてもいいですね。

いただきます！

【サワラの西京焼き】

しっかり2日間漬け込んだから中までしっかりと西京味噌の味が染みている……。

ジュー ジュー

きまぐれクック こぼれ話

立体感がカッコいい！
クック流切り身のコツ

魚の切り身なんて、ただ切ればいいって思っていませんか？実は、少しの工夫で、とても見栄えのする切り身になるんです。どんな魚にも応用できますから、ぜひ覚えてください！

❶ 角度をそろえる

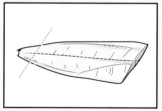

切り身は尾の方から切っていく。魚の身は、頭の部分が斜めになっているので、まずはその角度に合わせ、尾の端を切り落とす。

❷ 大きさを均等に切る

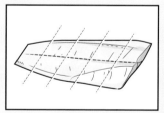

最初にそろえた角度に合わせて、大きさが均等になるように切っていく。

❸ 立体的に切る

横から見た図

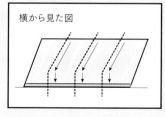

切り離す直前が最大のポイント。まず、包丁を斜めに入れ、最後に包丁を立てて切ろう。切り口に立体感が生まれ、見栄えがよくなる。

サゴシ

サゴシはサワラと同じ魚。60㎝以下のものをサゴシといいます。
まるまると肥えたコチラをさばきます。

用意するもの 柳刃包丁／出刃包丁／金だわし

🐟 ウロコを取る

包丁や金だわしでウロコを取る。

🐟 頭を落とす

胸ビレのすぐ横に出刃包丁をまっすぐに入れ、一気に頭を落とす。

🐟 内臓を取る

腹に包丁を入れて腹を開き、内臓を取り出す。包丁の先で血合いの膜に傷をつけ、流水で洗い流す。

🐟 煮付け：切り身にする

煮付けにする場合は、輪切り状にする。

輪切りの断面図を見よう！

皮
血合い
中骨
（背骨）

きまぐれアドバイス

頭と内臓、血合いをきれいに取ったら輪切りにして、煮付けの下処理は完成です。輪切りで煮付けにすると、身離れがよくて食べやすいです。

🐟 熟成させる

① ②

釣れたての新鮮なサゴシの場合、熟成させてもよい。頭、内臓、血合いをきれいに取った状態でよく水気を拭き取る。

クッキングペーパーに包んで冷蔵庫で一日寝かせる。

🐟 三枚におろす

①

腹から尾までヒレの少し上に柳刃包丁でガイドラインの切れ目を入れ、ラインに沿って中骨まで包丁を入れる。

②

背中側に返し、尾から頭までヒレの
少し上に包丁でガイドラインとして
切れ目を入れ、ラインに沿って中骨
まで包丁を入れていく。

③

左手で尾を持って、尾の付け根に
包丁を貫通させ、頭側へ包丁を滑
らせる。尾の付け根を切って身と骨
を切り離す。

④

もう一方の身も腹側、背側から中
骨まで包丁を入れる。

⑤

尾の付け根に包丁を貫通させ、頭
側へ滑らせて身と骨を切り離す。

🐱 腹骨をすく

腹骨を包丁でそぎ取るようにして取
り除く。

🐱 血合い骨を取る

身を背側と腹側に切り分け、血合
い骨を切り落とす。

🐱 皮を引く

尾の皮を左手で持ち、皮と身の間
に包丁を入れて皮を引っ張るように
皮を引く。

🥢 いただきます！

【 サゴシの味噌煮 】

西京焼きもいいけど、
あえての味噌煮。身が
ふわっふわ！　たまり
ません！

ばっちり
ですね！

作り方
P.62

イサキ

6月頃に獲れるイサキを梅雨イサキ、麦わらイサキといいます。
旬のイサキをさばきます。

用意するもの 出刃包丁／ウロコ取り／ブラシ

🐟 ウロコを取る

ウロコ取りでウロコを取る。イサキのウロコは細かくて飛び散りやすいので、シンクで水を流しながら行う。

🐟 内臓を取る

肛門から包丁を入れて腹に切れ目を入れ、内臓を取り出す。

きまぐれアドバイス
背ビレがめちゃくちゃ硬いので、ウロコを取るときなど、本当に気をつけてください！ 最初に全部取るのが安全です。

🐟 エラを抜く

エラぶたに包丁を入れ、包丁の先でエラをかき出す。

🐟 血合いを取る

腹の切れ目の奥にある血合いの膜に包丁の先で傷をつけ、刃先でかき出す。

🐟 洗う

水を流しながらブラシで腹の中を洗い、キッチンペーパーで水気を拭き取る。

🐟 熟成させる

釣れたての新鮮なイサキの場合は、ここで熟成させてもよい。腹にキッチンペーパーを詰めて、全体に軽く塩を振る。

全体をキッチンペーパーで包み、さらにラップで包んで冷蔵庫で3日間寝かせる。

きまぐれアドバイス
熟成は必ず、内臓を取ってから行ってください。塩を振ることで、魚の中の水分が出て、臭みがなくなります。

頭を落とす

胸ビレのあたりに包丁を入れ、反対側からも同様に包丁を入れて頭を落とす。

三枚におろす

腹から尾までヒレの少し上に包丁でガイドラインの切れ目を入れ、ラインに沿って中骨まで包丁を入れる。

背中側に返し、尾から頭までヒレの少し上に包丁でガイドラインの切れ目を入れ、ラインに沿って中骨まで包丁を入れていく。

尾の付け根に包丁を貫通させ、頭側へ包丁を滑らせて身と骨を切り離す。もう片身も同様におろすと三枚おろしになる。

塩焼き：切り身にする

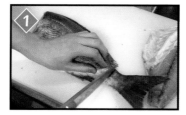

三枚におろさず、片身は骨を付けたまま焼いてもよい。その場合、背ビレ、尻ビレと尾は落とす。

背ビレは付け根に包丁で切れ目を入れ、引っ張ると取れる。半分に切れば、切り身の完成。

刺身：腹骨をすく

イサキの腹身は脂がのっておいしいので、できるだけ膜1枚を切り取るように薄く腹骨をそぎ取る。

刺身：血合い骨を取る

背側と腹側に切り分けてから、血合い骨を切り取る。サイズが小さい場合、骨抜きで取り除いてもよい。

刺身：皮を引く

尾の皮を左手で持ち、皮と身の間に包丁を入れて皮を引っ張るように皮を引く。エンガワは手で外す。

いただきます！

【 イサキの塩焼き 】

皮に十字の切れ目を入れて塩をして焼くだけ！口の中でふわっとほどける!!

トッ トッ トッ トッ トッ トッ

マダイ

尾の付け根がしっかり太くて、体高もあってお腹もよく肥えています。
20円のエビで釣り上げたタイをさばきます。

用意するもの 三徳包丁／ウロコ取り／ハサミ／ブラシ

😺 ウロコを取る

流水で流しながら、ウロコ取りでウロコを取る。釣れたての新鮮な魚は目がキラキラしている。

😺 頭を落とす

カマの上（ノド元）から包丁を入れ、エラぶたに沿って頭を落とす。こうするとカマを残せる。

😺 ヒレを落とす

ハサミで背ビレ、胸ビレ、腹ビレ、尻ビレを切り落とす。背ビレは尾から頭に向けてカット。

😺 内臓を取る

魚体を立てて肛門から包丁を入れて腹を開き、内臓を取る。

😺 血合いを取る

包丁の先で血合いの膜に傷をつけ、水を流しながらブラシで血合いを洗い流す。

😺 熟成させる

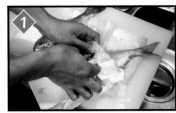

釣れたての新鮮なタイの場合は、ここで熟成させてもよい。水気をしっかり拭き、腹にキッチンペーパーを詰める。

😺 三枚におろす

魚体を脱水シートで巻き、さらにラップで巻いて空気を遮断する。冷蔵庫で2、3日寝かせる。

腹から尾までヒレの少し上に包丁でガイドラインの切れ目を入れ、ラインに沿って中骨まで包丁を入れる。

きまぐれアドバイス

100均の包丁を使ってみたんですが、さばきやすくて驚きました。100均のって、刃がしなるんですが、そのしなりが、このサイズの魚にはちょうどいい！

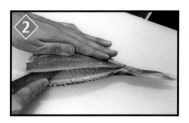

背中側に返し、尾から頭までヒレの少し上に包丁でガイドラインの切れ目を入れ、ラインに沿って中骨まで包丁を入れていく。

左手で尾を持って、尾の付け根に包丁を貫通させ、頭側へ包丁を滑らせて身と骨を切り離す。

もう一方の身も同様にして骨と切り離す。

😋 カマを落とす

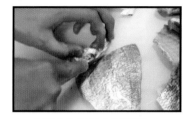

カマの部分を包丁で切り落とす。

😋 腹骨をすく

腹骨を包丁でそぎ取るようにして取り除く。

😋 血合い骨を取る

身を背側と腹側に切り分け、血合い骨を切り落とす。

😋 皮を引く

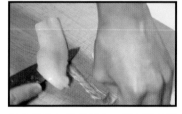

尾の皮を左手で持ち、皮と身の間に包丁を入れて皮を引っ張るように皮を引く。

😋 だし：アラを処理する

カマや腹骨など、皮が付いているアラをザルに入れ、熱湯をかける。

熱湯をかけると取り切れなかったウロコが逆立ってくるので、手で取り除く。アラと背骨はだしに使う。

🍜 いただきます！

【 Wタイ茶漬け 】

今回は、一緒に釣れたクロダイも合わせて2種のタイ茶漬けにしました。

ばっちりですね！

作り方 P.61

カサゴ

カサゴは刺身、煮付け、塩焼きなど、何にしてもおいしい魚。ただ、頭が大きくておろすと身が少しになってしまうので、丸ごと食べられる調理法がおすすめです！

用意するもの 三徳包丁／ウロコ取り／軍手

😺 軍手を着用する

カサゴはエラやヒレが鋭いので、さばく前に必ず軍手を着用する。

😺 ウロコを取る

ウロコ取りで、丁寧にウロコを取る。

😺 エラを取る

腹側を上にして魚を固定し、アゴに包丁を当ててエラぶたを開く。

開いたエラぶたから包丁の先を入れてエラの裏に包丁を通す。

刃先を返して引っ掛けるようにしてエラを取る。

きまぐれアドバイス

大量に魚を処理する場合は、1尾ずつさばくのではなく、同じ工程を続けて行うと、時間短縮ができますよ。

😺 内臓を取る

カマから斜めに包丁を入れる。

内臓をかき出すように取る。

😺 血合いを洗う

取り切れなかった内臓がないか確認し、血合いを流水で洗い流す。

⟪⟫ 背中に切れ込みを入れる

三枚おろしにするのと同じように、背ビレの両側に身の半分くらいまで深く切れ込みを入れる。

このように、背ビレの両側に切れ込みが入ればOK。

きまぐれアドバイス

から揚げにするときは背中に切れ込みを入れること！ 揚げたときに身が開いて、背骨がパリパリに仕上がります。

いただきます！

【 カサゴの
から揚げタワー 】

背中に切れ込みを入れてあるので、身が開いてボリューム感も満点。骨まで食べられる！

作り方
P.61

きまぐれクック こぼれ話

2種類の方法を紹介！ カサゴの締め方

活カサゴをさばく前には、まず締めて血抜きをする必要があります。一般的な方法と、内締めという方法をご紹介。今回は、丸ごとから揚げにしたので、傷が見えない内締めにしました。

手軽な方法！ 一般的な締め方

背が手前になるように置き、エラぶたに刃先を当ててそのまま背骨を断ち切る。

魚体に傷をつけずに締める！ 内締め

腹が手前になるように置き、エラぶたの中に包丁を入れて、中から背骨を断ち切る。

どちらの締め方も同じ！ 血抜きをする

尾の付け根を少し包丁で切り、氷水につけて血抜きをする。

細かいけれど、料理は見た目にも気を使いたいですね！

マツバガニ

むいた身を氷水にさらすと、松葉（マツバ）のように美しく、ぱっと身が開きます。
刺身で食べられる、新鮮なカニをさばきます。

用意するもの 出刃包丁／柳刃包丁／金属のへら

🐟 裏側に切れ込みを入れる

カニを裏返してふんどしをめくり、口の付け根からふんどしまで、真ん中に切れ込みを入れる。

🐟 甲羅から脚を外す

片側の脚と爪を持ち、内側に折り曲げて甲羅から外す。反対側も同様にして、甲羅から外す。

胴体と足を切り離そう！

甲羅にミソが残る。

エラは食べられないので外す。

🐟 ふんどしと口を外す

ふんどしをねじ切るように外す。口は親指で押すと殻から外れるので手で取り除く。

🐟 ミソを洗う

ふんどしと口を取り除くとミソだけが残るのでミソは水にさらして、汚れを取り除く。

きまぐれアドバイス

ミソが水に溶けることはないので安心して！　甲羅に戻して日本酒を加え、甲羅焼きにするといいですよ！

🐟 エラを取る

胴の身に付いているエラを手で取り除く。カニの種類によらず、エラは外す。

🐟 脚を外す

脚は付け根から少し離れたところを、斜めに包丁で切り離す。

🐟 はさみ足（爪）を外す

脚と同様に、はさみ足（爪）も切り離す。

脚の殻を外す

脚の殻の赤いほうを柳刃包丁などの薄めの包丁ではぎ取る。左手で脚の先端側を押さえ、逆さ包丁にしてはぐ。

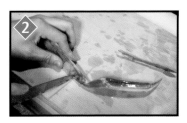

はいだ殻の両側、関節近くに切れ込みを入れる。

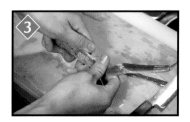

切れ込みから反対側に折る。

折ったところを持って内側に引き、身を殻から外す。

はさみ足（爪）を分解する

はさみ足（爪）の付いた節を関節で切り離し、爪だけの状態にする。爪を立て、出刃包丁で両面の殻を削る。その根元に切れ込みを入れる。

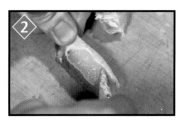

金属のへらを殻と身の間に差し込み、膜を外しておく。

切れ込みを入れたところから手で殻をはがし取る。

氷水にさらす

脚と爪の身を氷水にさらす。薄皮（赤い線維）が残っている場合は取り除いてから行う。5分ほどさらしたら水気をきる。

きまぐれアドバイス

氷水に放すと、身の線維がくるくるくるっときれいな松葉状になるんです。はさみ足から切り離した節の部分は、味噌汁のだしにすると最高！

胴体を割る

胴体は寝かせた状態で厚めに包丁を入れてから、立てて割るように切り離す。2つに割っておくと使いやすい。

いただきます！

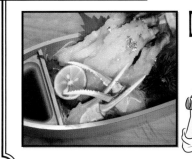

【マツバガニの刺身】

口の中で甘みがどん！旨みがばん！ってくる！ウマい！

スルメイカ

刺身、イカ焼き、煮物、天ぷら……それから塩辛と、調理の幅が広いスルメイカ。
黒光りして鮮度も抜群なイカをさばきます。

用意するもの 出刃包丁

😺 耳を外す

耳をつかんで下に引っ張り、手で
引きちぎるようにして耳を外す。

耳の外し方を確認しよう！

耳と胴体の間に指を入れ、
下に向かって引っ張る。

裂け目から両側の
皮をむいていく。

😺 内蔵（ワタ）を取る

耳を外したラインに浅く切れ込みを
入れる。包丁を深く入れると墨袋を
傷つけてしまうので注意する。

ゲソをつかんで引っ張り、胴の中か
ら内臓を取り出す。

😺 エラを取る

胴を広げ、包丁で内側をこそげるよ
うにしてエラを取る。

きまぐれアドバイス

エラを取った段階でアニサ
キスチェック。少し太い白い
糸のようなもので、いるとす
ぐにわかります。イカの場
合は、穴が開いて
いたら注意！

😺 ゲソと肝を切り離す

オレンジのようなピンクのような色の
部分が肝。目玉の上に包丁を入れ、
ゲソと肝を切り離す。

😺 墨袋を取る

肝の裏側に付いている黒く細長い
墨袋を手で取り除く。破らないよう
にそっと外す。

イカの墨袋の位置を知ろう！

両目の間に細長い墨
袋が肝に付いている。

😊 先端の膜を取る

肝の先端にある膜を包丁で切り取る。このとき、肝を破らないように注意する。

😊 目玉とくちばしを取る

ゲソについた目玉を指で取り除き、ゲソの間に付いたくちばしを指で取り除く。

きまぐれアドバイス

イカのくちばしは俗にトンビっていわれていて、ちょっと干して食べたり、バター焼きにしたりして食べるとめちゃくちゃおいしいです。

😊 吸盤のリングを取る

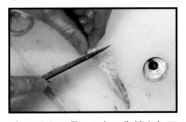

ゲソのうちの長い2本の先端を包丁でしごいて、吸盤のリングをこそげ取る。

😊 軟骨を取る

ゲソのつながった部分に縦に包丁を入れて開き、軟骨部分を切り落とす。切った軟骨はぶつ切りにする。

😊 ゲソを切り分ける

ゲソを1本1本、包丁で切り分ける。これで、胴、耳、肝、ゲソの下処理が完了。

😊 塩辛：肝の処理

バットに塩を敷いて肝を並べ、さらに上から塩を振り、冷蔵庫で1日寝かせる。塩を落としてザルに並べ、ラップなしでさらに半日寝かせる。

😊 塩辛：ゲソの処理

食べやすい大きさに切ってボウルに入れ、塩を振ってよくもみ、ぬめりを取る。水洗いして水気を拭き、脱水シートに包んで1日寝かせる。

😊 塩辛：胴、耳の処理

胴の上下の端と、両サイドにあるヒラヒラした膜を切り取る。胴と耳を水洗いして水気を拭き、脱水シートに包んで1日寝かせる。

🥢 いただきます！

【 イカの塩辛 】

イカの鮮度がいいうちに丁寧に仕込んだ塩辛はまったく臭みがなくて甘い！

トントントントントントン

作り方
P.62

いただきます！

身近にいる魚も、ちょっと手を加えるとたちまち豪華なごはんに変身。簡単で
うまい！ これはスペシャル！ と感じたレシピを公開しちゃいます。

【 炙り〆サバの棒寿司 】

マサバのさばき方 ➡ P.38

材料

〆サバ…片身分
酢飯…適量
大葉…2枚
しょうゆ…適量

道具

巻きす
ラップ
バット（ステンレス製）
ガスバーナー

作り方

1 巻きすを広げ、汚れないように上にラップを敷く。その上に〆サバを身を上にして置く。

2 サバの上に大葉をのせ、さらに酢飯をのせる。

3 巻きすを手前から二つ折りにするようにかぶせ、手前に引きながら巻いていく。

4 3からラップを外し、バットにのせる。

5 ガスバーナーでサバの皮目を炙る。

[調理ポイント]

表面を炙ることで脂が溶けて甘みが増す。上手に
炙るコツは、ガスバーナー本体ではなく、腕全体を
ゆっくり動かすこと。また、事前に周囲に燃えやす
いものがないかよく確認してから利用しよう。

6 食べやすい大きさに切り、しょうゆを添える。

[　　　Wタイ茶漬け　　　]

マダイのさばき方 ➡ P.52

材料

タイの刺身…8切れ
タイのアラ…2 尾分
水…適量
だし昆布…適量
カツオ節…適量
塩、みりん、酒、しょうゆ…各少々

漬けだれ
ごましゃぶのたれ（市販品）…50ml
しょうゆ…大さじ3
みりん…大さじ2
酒…大さじ1
ご飯…1膳分
すだち…1/2個

道具

クッキングペーパー

作り方

1 タイのアラを鍋に入れて火にかける。

2 1に戻しただし昆布を加え、沸騰しないように3分ほど煮出す。

3 火を止めて昆布を取り、カツオ節を加えて沈んだところで、クッキングペーパーで漉す。

4 再び火にかけ、塩、みりん、酒、しょうゆを加えて味を調える。

5 ごましゃぶのたれにしょうゆ、みりん、酒を加え、タイの刺身を漬け込む。

6 茶碗にご飯を盛って5をのせ、4をかけ、すだちを搾っていただく。

クロダイってどんな魚？

今回はさばき方を紹介したマダイのほか、クロダイも一緒にさばいてWタイ茶漬けにしてみました。クロダイはマダイにくらべて臭みがあっておいしくない……といわれることもありますが、これは大間違い。クロダイは時期によって味が変わる魚で、旬の秋〜冬のクロダイは旬ではないマダイよりもかなりうまいです。正直、旬のマダイと旬のクロダイは食べ比べてもわからないかもしれません。マダイは見た目の華やかさもあって人気が高く、少しお高めな値段ですが、クロダイは庶民にもやさしいお値段。これはお得です。春には白子を持っていることもあり、これもまたおいしいんですよ。

[カサゴのから揚げタワー]

カサゴのさばき方 ➡ P.54

材料

カサゴ…40尾ほど
万能スパイス…適量
（ない場合は塩、こしょうでもよい）
片栗粉…適量
揚げ油…適量

作り方

1 カサゴは内臓を取り、背ビレの両側に2本切れ込みを入れる。

2 好みの万能スパイスを振って下味をつける。表面だけでなく、切れ込みの中や尾、ヒレにもまんべんなく振りかける。

3 片栗粉を薄く、まんべんなくまぶしつける。切れ込みの中、ヒレにもまぶしつける。

4 揚げ油を150℃に熱し、3を揚げる。まず頭だけを揚げ油に入れて1分ほど揚げ、そのあと全身を油に入れて1分ほど揚げる。

5 あら熱が取れたら、二度揚げをし、同様に三度揚げする。油を切り、器に盛る。

[サゴシの味噌煮]

サゴシのさばき方 ➡ P.48

材料

サゴシ（サワラ）の輪切り…3切れ
長ねぎ…2~3本

A
| しょうゆ…大さじ1
| みりん…大さじ2
| 砂糖…大さじ2
| 味噌…大さじ2
| 酒…大さじ5
| しょうがの薄切り…3枚
| 水…100ml

道具

クッキングペーパー

作り方

1 長ねぎは白い部分を5cm長さに切り、青い部分を小口切りにする。

2 鍋にAを合わせて煮立てる。煮付け用に輪切りにしたサゴシ、長ねぎの白い部分を入れる。クッキングペーパーで落としぶたをし、さらにふたをして煮る。

3 サゴシに火が通ったらふたとクッキングペーパーを外す。水分を飛ばし、煮汁にとろみが出るまで煮詰める。

4 器に盛り、煮汁をかける。長ねぎの青い部分をのせる。

[イカの塩辛]

スルメイカのさばき方 ➡ P.58

材料

スルメイカ
　胴、耳…各3杯分
　ゲソ、肝（塩漬け）…5杯分
みりん…小さじ1
酒…小さじ1
ゆずの皮のすりおろし…少々

道具

裏漉し器
ボウル

作り方

1 塩漬けにした肝の膜に包丁で切れ目を入れ、中身を裏漉し器に絞り出す。

2 肝を裏漉し、ボウルに出す。出てきた余分な脂を捨てる。

[調理ポイント]
肝を裏漉しすることで筋などが取り除かれ、なめらかな口あたりになる。裏漉したことで余分な脂が出るため、肝を落とさないようにしながら、脂のみを流して捨てる。

3 2にみりんと酒、ゆずの皮のすりおろしを加え、よく混ぜ合わせる。

4 胴、耳、ゲソを食べやすい大きさに切り、3に入れてよく混ぜる。

5 冷蔵庫で1日寝かせて完成。

第3章

難敵の魚
をさばいていくっ!

‖ カワハギ ‖
P.64

‖ アマダイ ‖
P.66

‖ バチマグロ ‖
P.68

‖ アナゴ ‖
P.70

‖ クエ ‖
P.72

‖ アトランティック
サーモン ‖
P.74

‖ シイラ ‖
P.76

‖ ノドグロ ‖
P.78

‖ スズキ ‖
P.80

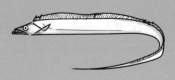

‖ タチウオ ‖
P.82

カワハギ

カワハギは冬が旬の魚。肝がパンパンに詰まっていれば最高です。
煮付け用、刺身用の2種でさばきます。

用意するもの 出刃包丁（片刃）

😋 煮付け：皮をむく

① 頭を右にして置き、あごの下の皮に切れ目を入れて皮をはぐスタート地点とする。

② 腹の下にあるとがった部分を切り落とす。

> **きまぐれアドバイス**
> 姿造りや姿煮は、頭を左にして盛りつけるので、そのときに上になる面は傷つけないようにさばきます。ですから、切れ目は裏になる面に入れます。

③ 魚体を裏返し、切れ目を入れたところから左手で皮をつかんで尾に向かって一気にむく。

④ 再び反転させ、尾から頭に向かって、反対側の皮をはぐ。顔の皮まですべて一気にはぐ。

😋 背ビレと尻ビレを取る

包丁の先で背ビレと尻ビレを切り落とす。

😋 腸とにが玉を取る

① 頭を右に向け、腹の上に斜めに軽く切れ込みを入れる。内臓を傷つけないように注意。

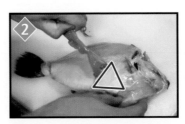

② 切り込みから、手で腸とにが玉、にが玉の近くの黒い玉を取り除き、肝だけが残るようにする。図の△の部分に肝が入っている。

> **きまぐれアドバイス**
> カワハギの腸は砂が入っているので完全に取り除きます。また、黄色いくて丸いにが玉は、つぶしてしまうと肝が苦くなって台なしになるので注意を。

😀 エラを抜く

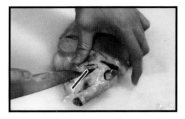

ほおに包丁を入れて開き、エラを引っ張り出し、切って外す。このときも包丁は、盛りつけ面の裏から入れる。

😀 尾を切る

尾の先端を切ってそろえておくと、煮付けたときに見栄えがよい。

きまぐれアドバイス

これで煮付け用の処理の完了！　カワハギに限らず、基本、煮付けにするときはエラは絶対に外してください。汁が濁っちゃいますんで。

😀 刺身：三枚におろす

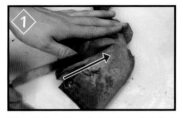

頭の後ろ、目の上から腹のあたりまで斜めに皮一枚を切るイメージで逆包丁を入れる。両面行う。

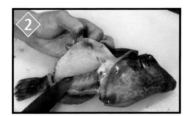

腹から尾までヒレの少し上に包丁でガイドラインの切れ目を入れ、ラインに沿って中骨まで包丁を入れる。肝やにが玉をつぶさないように注意する。

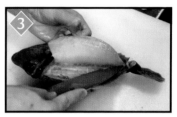

背中側に返し、尾から頭までヒレの少し上に包丁でガイドラインの切れ目を入れ、ラインに沿って中骨まで包丁を入れていく。

第3章 難敵の魚

尾の付け根から包丁を貫通させ、頭側へ滑らせ身と骨を切り離す。もう一方の身も同様にする。

😀 肝を取り出す

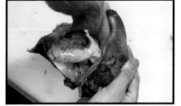

三枚おろしにした骨の腹の部分に指を入れ、白い浮き袋とにが玉、腸、肝を取り出す。肝はヒレの付け根でつながっているので、そこを外す。

😀 厚い皮をむく

おろした身の皮を尾の方から手でむく。皮をむいたら背側と腹側に切り分け、血合い骨と黒っぽいエンガワを落とす。

😀 薄皮を引く

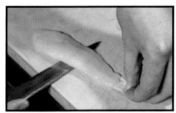

尾の薄皮を左手で持ち、皮と身の間に包丁を入れて皮を引っ張るように皮を引く。薄皮はボイルすれば食べられるので厚めでもOK。

🥢 いただきます！

［ カワハギの 肝刺し ］

厚めに切った刺身に肝を載っけて……あとは銀色のヤツ！

アマダイ

油をかけてパリッパリにした、ウロコがおいしいということで有名なアマダイ。
実はタイじゃなくてスズキの仲間なんです。

用意するもの 出刃包丁／ウロコ取り

😊 ウロコを取る

ウロコ焼きにしない場合は、ウロコ取りでウロコを取る。

😊 ウロコ焼き：洗う

ウロコ焼きにする場合は、ウロコも食べるので流水でよく洗う。片面刺身、片面ウロコ焼きと両方楽しめる。

きまぐれアドバイス

アマダイはウロコが多くて、びち———っと付いています。ウロコ焼きにするときは、きれいにきれいに洗っておいてくださいね。

😊 エラを抜く

エラぶたから包丁を入れて、刃先でこそげ取るようにエラを抜く。

😊 頭を落とす

カマの下、両側から包丁を入れ、頭を切り落とす。

😊 内臓を取り除く

頭から腹にかけて切り、腹を開いて内臓を取り除く。

😊 血合いを取る

刃先で血合いに傷をつけ、流水でよく洗い流す。

😊 三枚におろす

①

腹から尾までヒレの少し上に包丁でガイドラインの切れ目を入れ、ラインに沿って中骨まで包丁を入れる。

②

背中側に返し、尾から頭までヒレの少し上に包丁でガイドラインの切れ目を入れ、ラインに沿って中骨まで包丁を入れていく。

③
左手で尾を持って、尾の付け根に包丁を貫通させ、頭側へ包丁を滑らせる。尾の付け根を切って身と骨を切り離す。

④
もう一方の身も同様にして骨と切り離す。

🐟 腹骨をすく

腹骨を包丁でそぎ取るようにして取り除く。

🐟 刺身：血合い骨を取る

刺身や昆布〆にする場合は、身を背側と腹側に切り分け、血合い骨を切り落とす。

🐟 刺身：皮を引く

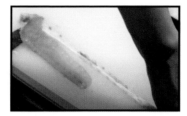

ウロコを取った場合は、尾の皮を手で持ち、皮と身の間に包丁を入れて皮を引っ張るように皮を引く。皮を引かず、湯引きにしてもよい。

🐟 ウロコ焼き：切り身にする

ウロコ焼きにする場合は、腹骨を除いた状態で三等分に切り分け、切り身の状態にする。

🐟 ウロコ焼き：ウロコを焼く

①
ウロコのついた切り身をカス揚げにのせる。サラダ油を熱し、皮目に油をかけていく。

②
2、3回油をかけ、ウロコが逆立ってパリパリになったら完成。

きまぐれアドバイス
ウロコがパリッパリになったら、塩を振って塩焼きにすればOK！ ちょっと贅沢に、昆布〆にしてから焼いてもおいしいですよ！

🥢 いただきます！

【 アマダイの
ウロコ焼き 】

これはアマダイじゃないです、ウマダイです！

作り方
P.84

第3章 難敵の魚

バチマグロ

普通のマグロに比べて脂が少ないのが特徴。
油分をプラスして料理することでおいしく化けるコチラをさばきます。

用意するもの 柳刃包丁

👀 頭と内臓を取る

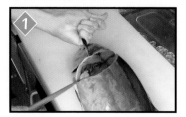

カマの後ろから斜めに包丁を入れ、腹ビレに沿って腹にも少し包丁を入れる。

反対側も同様にカマの後ろから斜めに包丁を入れ、そのまま中骨を断ち切る。

きまぐれアドバイス
バチマグロは、頭と内臓を一緒に取り除きます。胃袋は洗ってボイルしてポン酢で食べたり、味噌と和えてホルモン風にしたりしてもおいしいですよ。

尾を持って引き抜くように頭と内臓を取り除く。

👀 三枚におろす

腹から尾までヒレの少し上に、中骨まで包丁を入れる。

きまぐれアドバイス
三枚におろすとき、ガイドラインの切れ目を入れてから中骨まで包丁を入れていきますが、身がやわらかいマグロは一太刀で中骨までいった方がいいです。

背側は頭近くの皮が硬いので、ヒレの少し上に包丁でガイドラインの切れ目を入れ、ラインに沿って中骨まで1回で包丁を入れる。

尾の付け根に包丁を貫通させ、左手で尾を持って頭側へ包丁を滑らせる。尾の付け根を切って身と骨を切り離す。

もう一方の身も、腹側は1回で中骨まで包丁を入れる。背側は尾から頭に向けて、ヒレの少し上に逆包丁でガイドラインの切れ目を入れる。

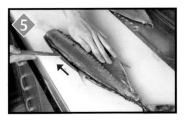

ガイドラインの切れ目を入れたら骨を上に身を返し、ラインに沿って中骨まで包丁を入れる。

尾の付け根に包丁を貫通させ、左手で尾を持って頭側へ包丁を滑らせる。尾の付け根を切って身と骨を切り離す。

三枚おろしの完成。

腹骨をすく

腹骨の頭の付け根に近いところに、逆包丁で切れ目を入れる。

切れ目から包丁を入れ、そぎ取るように腹骨を取り除く。

腹の身の骨を切り落とす

腹の身の頭側の端に骨があるので切り落とす。

皮と血合い骨を取り除く

血合い骨のところに、皮一枚を残して包丁を入れる。マグロの皮は厚いが、切らないように気をつける。

包丁を入れた切れ目の手前側から、包丁を皮の上をスライドさせるように動かし、皮から身を外し反対側も同様にして皮を取る。

血合いを取る

腹の身と背の身、どちらにも血合いが付いているので包丁で切って取り除く。使う分だけカットして、調理する。

いただきます！

【 マグロとアボカド 】のタルタル

ちょっと安めのバチマグロもマヨしょうゆとオリーブオイルで、おいしく化ける！

トッ トッ トッ トッ トッ トッ トッ トッ

アナゴ

アナゴは夏が旬の魚。ぬめりをしっかり取る、下処理が大切です。
脂ののった天然のマアナゴをさばきます。

用意するもの 三徳包丁／ゴム手袋／目打ち／長もの用まな板（あれば便利）

😊 目打ちで固定する

滑るので手袋を着用。背を手前にし、包丁の背を使って頭を目打ちに打ちつけて固定する。まな板でなくても、安い木の板で十分。

😊 背開きにする

① ヒレの右側に切れ目を入れて、中骨に沿って尾まで包丁を滑らせる。ぬめりがあるので、魚体を押さえる手を切らないように注意する。

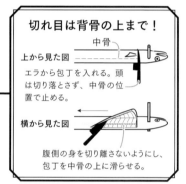

切れ目は背骨の上まで！

上から見た図
中骨

エラから包丁を入れる。頭は切り落とさず、中骨の位置で止める。

横から見た図

腹側の身を切り離さないようにし、包丁を中骨の上に滑らせる。

② 切った部分を開き、中骨の下に包丁を入れて、尾まで包丁を滑らせて骨と身を切り離す（骨は捨てずにだしに使うとよい）。

③ 手で内臓を持ち上げ、包丁で切って取り除く。

きまぐれアドバイス

いつも腹開きにしてたんですが、背開きにしてみたら、めっちゃ簡単！　一発ですごくきれいにできて、めっちゃ楽しい！

😊 頭を落とす

最初に切れ目を入れた位置で頭を落とす。

😊 血を取る

包丁の刃を少し寝かせて置き、身に残っている血を、尾から頭に向かってしごいて取り除く。特に腹のあたりはしっかりと取り除く。

😊 背ビレを取る

皮目を上にして尾を右側に置き、刃先で少しだけ切った尾を左手でつまんで、尾側へ引っ張るようにしながら包丁で背ビレを切り取っていく。

😺 ぬめりを取る

アナゴをボウルに入れ、塩を振る。

しっかり塩をもみ込んで、ぬめりを取り、水で洗い流す。洗いは1体1体、丁寧に。

きまぐれアドバイス

ここでぬめりと臭いをしっかりと取っていきます。アナゴは身がしっかりしているので、ガシガシやっちゃっても身が割れる心配はありません！

😺 さらにぬめりを取る

ボウルに60〜70℃の湯を張り、アナゴを浸す。表面のぬめりが白く浮き出る。

表面のぬめりが浮き出てきたところで、氷水に取る。

背側、腹側の両方に包丁を滑らせ、ぬめりを取り除く。これでやっとぬめり取りが完了。

😺 骨の処理

骨をだしに使う場合は、骨を水にさらして血抜きをしておく。

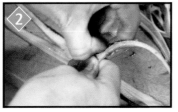

骨に付いた血を手で取り除く。手間がかかる作業だが、これでだしの味が大きく変わる。

骨の長さを三等分に切り、さらに水に浸して血抜きをし、水気をきる。

いただきます！

【 煮アナゴ丼 】

下処理は大変だけど、アナゴのおいしさは、どれだけ手間をかけたかで決まる！

ばっちりですね！

作り方 P.83

たらこ唇の超高級魚
クエ

天然のクエはめったに市場に出ない幻の魚。
素潜りで突いてきてもらったクエを買ってきました。

用意するもの 柳刃包丁／出刃包丁／ハサミ／ブラシ

😄 ヒレを落とす

ハサミを使って胸ビレと背ビレを切り落とす。

😄 すき引きでウロコを取る

柳刃包丁で中央、背中側、腹側の順ですき引きする。尾を左手で持ち、尾側から頭側へとそぐようにウロコを取る。

きまぐれアドバイス

クエはすき引きにすると、真っ白になって料理にしたときにすごく映えます。コツは包丁の全体を使うように上下に大きく動かすこと。

裏側も同様にすき引きでウロコを取る。尻ビレなど、最初に落とさなかったヒレが邪魔になるようなら、ハサミで落とす。

😄 頭を落とす

頭をカマの上から落とすため、アゴに切れ込みを入れる。

背を手前にして置く。クエは歯が鋭いので、滑らないように必ず目に左手の親指を入れてアゴをつかみ、しっかり固定する。

エラぶたから包丁を入れて、頭を落とす。クエの頭は硬いので注意する。

😄 胸ビレを落とす

魚体を立て、包丁で胸ビレを切り落とす。

😄 内臓を取る

腹に包丁を入れ、内臓を取り除く。
※胃袋は開いてよく洗い、ボイルして食べることができる。

血合いを洗う

血合いの膜を包丁の先で傷つけ、ブラシでこすって取り除き、流水で洗い水気を拭き取る。

熟成させる

釣れたての新鮮なクエの場合は、ここで熟成させてもよい。水気をしっかり拭き、腹にキッチンペーパーを詰める。

魚体をキッチンペーパーで巻き、さらにラップで巻いて空気を遮断する。冷蔵庫で2、3日寝かせる。

三枚におろす

出刃包丁で肛門から尾まで、ヒレの少し上を皮一枚を切るようにガイドラインの切れ目を入れ、包丁を滑らせるように中骨まで刃を入れる。

背中を手前に向け、尾から頭までヒレの少し上にガイドラインの切れ目を入れる。ラインに沿って滑らせるように中骨まで包丁を入れる。

尾の部分を切り離して、身を骨から外す。クエはカマのあたりの身が割れやすいので注意する。

もう一方の身も同様に包丁を入れ、身と骨を切り離す。骨はブツ切りにし、だし用に保存する。

カマを落とす

カマの部分を包丁で切り落とす。

腹骨をすく

腹骨を包丁でそぎ取るようにして取り除く。

血合い骨を取る

身を背側と腹側に切り分け、血合い骨を切り落とす。

いただきます！

【 クエの しゃぶしゃぶ 】

脂がすごくて、旨みの強いスイーツみたい！

作り方 P.85

アトランティックサーモン

どうしても作りたい料理があって入手。
養殖のアトランティックサーモンをさばきます。

用意するもの 薄刃包丁／柳刃包丁／骨抜き

内臓やウロコ、ヒレを取り除いた「セミドレス」といわれる状態。生で流通する際の一般的な形態。

🐱 頭を落とす

両側のカマの下から包丁を入れ、頭を落とす。

🐱 三枚におろす

腹から尾までヒレの少し上に包丁でガイドラインの切れ目を入れ、ラインに沿って中骨まで包丁を入れる。

背中側を手前に向け、背中を丸めて置く。皮がピンと張るように。尾に近い脂ビレを包丁で切り落とす。

切り落とした脂ビレの少し上に、尾から頭まで包丁でまっすぐガイドラインの切れ目を入れる。

きまぐれアドバイス

背中側をおろすときは、魚体を丸めることがポイント。丸めることによって、背中の皮がぴ——んと張ります。また、包丁をまっすぐ入れることもポイント。

ラインに沿って中骨まで包丁を入れる。背骨まで入れたら、背骨の頂上にあたる部分まで包丁を入れていく。

尾の付け根に包丁を貫通させ、左手で尾を持って頭側へ包丁を滑らせる。尾の付け根を切って身と骨を切り離す。

きまぐれアドバイス

僕はサーモンをおろすときは、薄刃の包丁を使います。身がやわらかいので、出刃とか、太い包丁だと身が割れやすいんですよね。

⑥ 身を上にして置き、頭側の中骨の下に包丁を入れる。包丁を軽く前後に動かしながら、尾の方へ中骨の下を切り進める。

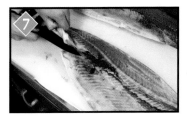

⑦ 尻ビレのあたりまで切り進めたら、いったん包丁を外し、尻ビレを切り落とす。

きまぐれアドバイス
下の身は骨を上にしたほうが簡単です。骨の下を切るときは、気持ち包丁を浮かすイメージで!

⑧ 尻ビレを取ったら、包丁を止めたところにもう一度包丁を入れ、尾まで中骨の下を切り進め、身と骨を切り離す。

⑨ 下の身には背ビレの骨が残っているので、背ビレの骨を薄く切り取る。

😺 腹骨をすく

① 腹骨を包丁でそぎ取るように取り除く。半分まで薄く包丁を入れ、そのあとは骨がないので尾の方から切り離すとよい。

② 腹の下の方に膜が残るので、気になる場合は包丁でそぎ取る。さらに下に骨があるので、その部分は切り取る。

😺 骨を抜く

背の身の頭側から中央にかけて骨があるので、骨抜きで抜く。

😺 皮を引く

背側と腹側、半分に切り分けたら、柳刃包丁に持ち変える。尾の皮を左手で持ち、皮と身の間に包丁を入れて皮を引っ張るように皮を引く。

いただきます!

【サーモンの生カツ】

表面のサクサク感と中のレア状態のサーモンがあいまって想像を上回るおいしさ!

トッ トッ トッ トッ トッ トッ

作り方 P.84

第3章 難敵の魚

ルアー釣りで大人気

シイラ

ゲーム性の高い釣りが楽しめるシイラ。夏によく獲れます。
おろしやすさも魅力です。

用意するもの 三徳包丁／ブラシ／ウロコ取り

😊 真水で洗う

水を流しながらブラシでこすってよく洗う。

😊 ウロコを取る

水を流し、洗いながらウロコ取りでウロコを取る。

きまぐれアドバイス

シイラに限らず、海水魚には腸炎ビブリオという菌が付着しています。真水で洗えば死ぬので、海水魚はさばく前に必ず洗ってください。

😊 頭を取る

① カマの上から包丁を入れ、アゴの方に斜めに包丁を入れる。

② 反対側に返し、同様にカマの下からアゴまで包丁を入れてから頭を落とす。

😊 内臓を取り出す

腹に包丁を入れて腹を開き、内臓を取り出す。

😊 血合いを取る

ウロコ取りで血合いの膜を傷つけ、流水で洗う。さらにブラシを使ってよく洗い流す。

😊 三枚におろす

① 腹から尾までヒレの少し上に、包丁を少し立ててガイドラインの切れ目を入れる。

きまぐれアドバイス

ガイドラインの切れ目は、包丁を横にして入れることが多いですが、シイラは包丁を少し立てて入れることがポイント！切れ目が入ったあとは包丁を横にします。

②

包丁を横にして、ラインから中骨まで包丁を入れていく。

③

背中側に返し、尾から頭までヒレの少し上に包丁を立ててガイドラインの切れ目を入れ、ラインに沿って中骨まで包丁を入れる。

きまぐれアドバイス

シイラは身が薄くて骨が硬いので、コツさえつかんじゃえば、とてもおろしやすい魚ですね。ポイントは本当に力を入れないこと。

④

尾の付け根に包丁を貫通させ、左手で尾の付け根を持って、頭側へ包丁を滑らせる。尾の付け根を切って身と骨を切り離す。

⑤

もう一方の身も同様にして骨と切り離す。ここでもガイドラインの切れ目を入れるときは包丁を少し立てることに気をつける。

😊 腹骨をすく

腹骨を包丁でそぎ取るようにして取り除く。

😊 皮を引く

尾の皮を左手で持ち、皮と身の間に包丁を入れて皮を引っ張るように皮を引く。

😊 血合い骨を取る

身を背側と腹側に切り分け、血合い骨を切り落とす。シイラは血合い骨が強いので、必ず身を割って取る。

きまぐれアドバイス

血合い骨が入っているところだけ切り落とせばOK。手で触ってみるとわかりますよ。指先でなぞっていくと途中で感じなくなります。

第3章 難敵の魚

いただきます！

【シイラの南蛮漬け】

片栗粉で揚げているから、たれがよくからむし、表面がつるんとしてウマい！お酢でサッパリ。

ノドグロ

口の中が真っ黒だから、ノドグロ。正式名はアカムツです。
1.6kgサイズの超高級魚をさばきます。

用意するもの 出刃包丁／ウロコ取り／ハサミ／ブラシ

😺 ウロコ取り

ウロコ取りでウロコを取る。ウロコがある程度取れたら、はがれたウロコをきれいに洗い流す。

😺 エラを抜く

頭をアラとして使いたい場合はエラを抜く。エラぶたの隙間に包丁を入れ、エラを巻き込むようにしてこじり取る。

😺 ヒレを取る

ハサミでヒレを切り落とす。ノドグロの背ビレは鋭いので注意する。

😺 頭を落とす

カマの下に包丁を入れ、裏返して背骨を断ち切って頭を落とす。背骨は硬いので注意。

😺 内臓を取る

肛門から逆さ包丁で頭を切り落としたところまで包丁を入れ、内臓を取り除く。

きまぐれアドバイス

内臓を取るときは、にが玉をつぶさないように慎重に！また、ノドグロの肝は日本酒に浸しておくと激ウマです。卵も甘辛煮にするとおいしいです。

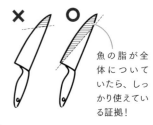

😺 血合いを取る

血合いの膜を包丁の先で傷つけ、水を流しながらブラシでこすって洗い流す。腹の中の黒い膜も一緒に取り除き、水気を拭き取る。

😺 三枚におろす

①

頭を右側に置き、腹から尾までヒレの少し上に包丁でガイドラインの切れ目を入れてから、中骨まで包丁を入れる。包丁全体を使うのがコツ。

包丁は刃先だけでなく刃全体を使おう！

× ○

魚の脂が全体についていたら、しっかり使えている証拠！

背中側を手前に置き、尾から頭までヒレの少し上に包丁でガイドラインの切れ目を入れる。

ガイドラインに沿って中骨まで包丁を入れる。

腹と背、両側から中骨まで包丁が入ったら、尾の付け根に包丁を貫通させる。

左手で尾の近くを持って頭側へ包丁を滑らせ、身と骨を切り離す。最後に尾の付け根を切って三枚おろしの半分が完成。

もう一方の身も同様にして腹側と背側から包丁を入れていく。

きまぐれアドバイス

大物をおろすときは、力は入れず、骨の上に包丁を滑らせるイメージで。ゆっくりでいいので、骨を感じながら確実に身をはがしていってください。

第3章 難敵の魚

最後は身を持ち上げて腹骨を切り、尾の付け根を切って身と骨を切り離す。

☺ 腹骨をすく

腹骨を包丁でそぎ取るようにして取り除く。

きまぐれアドバイス

腹骨をすくときのコツは、最初に包丁を入れたら、そのあとは身をすくいあげるようなイメージで包丁を動かすこと。薄ーく薄ーく、そいでください。

☺ 血合い骨を取る

身を背側と腹側に切り分け、血合い骨を切り落とす。魚体が小さい場合は骨抜きで抜いてもよい。

いただきます！

[ノドグロの しゃぶしゃぶ]

ノドグロは、ぜひ皮付きで食べてほしいです！

スズキ

スズキの旬は夏で、冬は脂が少ない。またの名をシーバス。
75cmの巨大スズキをさばきます。

用意するもの　出刃包丁／ウロコ取り

😊 ウロコを取る

ウロコ取りでウロコを取る。ウロコが取れたら流水で洗い、水気を拭く。

😊 頭を落とす

胸ビレを持ってエラの外側に包丁を入れる。反対側も同様。背骨を断ち切って頭を落とす。

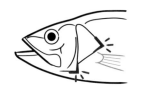

鋭いエラに注意しよう！

スズキのエラはカミソリのように鋭利になっている。さばくときに手を切らないように。

きまぐれアドバイス

スズキといったらエラ！ 釣りのときに暴れて、この鋭いエラで釣り糸とかを切っちゃうことを「エラ洗い」といいます。

😊 内臓を取る

1

肛門から逆包丁で頭を切り落としたところまで包丁を入れ、内臓や卵を取り除く。

2

奥にある浮き袋は手ではがすように取り除く。

😊 血合いを取る

血合いを流水で軽く洗い流し、水気を拭き取る。

😊 三枚におろす

1

肛門から尾まで、ヒレの少し上を皮一枚を切るイメージでガイドラインの切れ目を入れ、包丁を滑らせるように中骨まで包丁を入れる。

2

背中を手前に向け、尾から頭までヒレの少し上にガイドラインの切れ目を入れる。

ガイドラインの切れ目が入ったら、ラインに沿って包丁を入れ、骨を感じながら包丁を滑らせて中骨まで包丁を入れる。

中骨まで包丁が入ったら、尾の近くを切り離し、左手で引きはがすようにして身を骨から外す。

反対側も同様に行う。まず肛門から尾まで、ヒレの少し上を皮一枚を切るイメージで逆包丁でガイドラインの切れ目を入れる。

ラインに沿って包丁を滑らせるようにして、中骨まで包丁を入れる。

背中を手前に向け、頭から尾までヒレの少し上にガイドラインの切れ目を入れる。ラインに沿って中骨まで包丁を入れる。

中骨まで包丁が入ったら、尾の近くを切り離し、左手で引きはがすようにして身を骨から外す。

スズキの三枚おろしの完成。

😊腹骨をすく

腹骨の入っているところを包丁でそぎ切りにしたら、そのまま左手で引っ張って腹骨を取り除く。

😊切り身にする

使いたい大きさに切り分ける。

いただきます！

【 スズキの アクアパッツァ 】

ばっちりですね！

イタリアに行ったことないけど、イタリアの香りがします。アサリの旨みもバッチリ！

作り方 P.85

タチウオ

淡白な白身でクセがなく、いろいろな料理が楽しめるタチウオ。
ルアーで釣り上げたコチラをさばきます。

用意するもの 柳刃包丁

😮 ぬめりを取る

流水で洗ってぬめりを取る。

😮 頭を落とす

カマ下に包丁を入れて頭を落とす。

😮 内臓を取る

頭を落としたところから肛門まで包丁で切れ目を入れて腹を開き、内臓を取り出す。

😮 三枚におろす

背ビレに沿って中骨の上を尾まで切り進め、身と骨を切り離す。

反対側に返し、同様に背ビレに沿って中骨の上を尾まで切り進め、身と骨を切り離す。

きまぐれアドバイス

タチウオは身がやわらかく、薄いので薄刃の包丁がおすすめ。ここでは小さめだったので、一太刀でおろしています。

タチウオの三枚おろしの完成。

🎏 いただきます！

[タチウオの
みりん干し]

噛めば噛むほど味が出てくる。お茶漬けもおいしい！

いただきます！

苦労してさばいた難敵たちは、ちょっと手間をかけたお料理に。少し大変だけどその分おいしい！　そんなこだわりレシピを紹介しちゃいます。

【 煮アナゴ丼 】

アナゴのさばき方 ➡ P.70

材料

アナゴ(処理済)… 10尾

A
| 水… 1.5l
| 酒… 270ml
| みりん… 180ml
| しょうゆ… 270ml
| ザラメ… 200g

B
| 酒… おたま1杯
| アナゴの骨(処理済)
| みりん… 100ml

C
| 砂糖… 50g
| 塩… 少々

ご飯… 2膳分
すだち… 1個

道具

煮ザル
ザル
クッキングペーパー

作り方

1 Aを鍋に入れて火にかけ、煮ダレを作る。アナゴを加えてアクを取りながら15〜20分煮る。

［ 調理ポイント ］

アナゴを煮るときは「煮ザル」を使うと便利。煮崩れしにくくなるうえ、身が鍋の底に直接触れないので焦げつきにくくなる。煮ザルに入れて鍋に入れ、たっぷりの煮ダレに浸かるようにする。アナゴがタレの中で躍るように煮るのがポイント。

2 詰めのたれを作る。1で残った煮汁をおたまに4杯、別の鍋に移し、Bを加えて火にかける。

3 アクを取りながら、半量になるくらいまで20分ほど煮詰める。ザルにクッキングペーパーを敷いて漉す。

4 3を鍋に戻し、Cを加えてさらに煮詰める。大きな気泡が出て来たら火から下ろし、氷水で冷やす。

5 1のアナゴの両面を焼く。

6 器にご飯を盛り、5のアナゴを食べやすい大きさに切って盛りつけ、4のタレをかける。すだちを添える。

【 アマダイのウロコ焼き 】

アマダイのさばき方 ➡ P.66

材料

アマダイの切り身(ウロコ付き)… 3切れ
揚げ油… 適量
塩… 適量
すだち… 1個

道具

網じゃくし
おたま

作り方

1 揚げ油を熱する。

2 アマダイの切り身を皮目が上になるように網じゃくしにのせ、熱した油をおたまですくい、静かに2、3回かけて、ウロコ焼きにする。

3 2に塩を振って魚焼きグリルで焼く。すだちを添える。

【 サーモンの生カツ 】

アトランティックサーモンのさばき方 ➡ P.74

材料

サーモン(片身の背側)… 1/4切れ
塩、こしょう… 各少々
小麦粉… 適量
溶き卵… 適量
パン粉… 適量
揚げ油… 適量
トマトの薄切り、フリルレタス… 適量
タルタルソース(市販品)… 適量
イクラ… 適量
すだち、またはレモン… 適量
トンカツソース… 適宜

作り方

1 サーモンに塩、こしょうを振る。

2 1のサーモンに衣をつける。小麦粉、溶き卵、パン粉の順につけ、さらに溶き卵、パン粉につけて二重の衣をつける。

3 揚げ油を熱し、2を20〜30秒、衣がパリッとするまで揚げる。揚げすぎないように注意する。

4 3を包丁で切り分け、器に盛り、トマトとレタスを添える。タルタルソースをかけてイクラをのせる。

5 お好みですだちやレモンを搾り、トンカツソースをつけて食べる。

［　クエのしゃぶしゃぶ　］

クエのさばき方 ➡ P.72

材料

クエ… 適量
つけ合わせ… にんじん、大根、白菜 (葉の部分)、春菊、しめじ、豆腐など　　適量

昆布だし (濃いめ) … 適量
ポン酢しょうゆ… 適量
ゆずの皮… 適量

作り方

1 クエは8mm厚さのそぎ切りにする。

2 にんじんや大根はスライサーで薄切りに、ほかのつけ合わせは食べやすい大きさに切る。

3 ゆずは輪切りにし、中身をくり抜く。皮を細長く切り、添える。

4 昆布だしを鍋に入れて温める。**1**や**2**をだしにくぐらせてポン酢しょうゆでいただく。

［ スズキのアクアパッツァ ］

スズキのさばき方 ➡ P.80

材料

スズキの切り身… 2切れ
アサリ… 200g
しめじ… 100g
ミニトマト… 5個
にんにく… 適量
オリーブオイル… 適量
白ワイン… 50ml
水… 50ml
塩、こしょう… 各適量
飾り用ミニトマト… 適量

道具

キッチンペーパー

作り方

1 スズキの切り身に塩を振ってもみ込み、5分おく。出てきた水分をキッチンペーパーで拭く。

2 フライパンにオリーブオイルを熱し、**1**の皮目を下にして入れる。

3 ミニトマトはヘタを外し、1/2に切る。にんにくは刻む。

4 **2**のスズキの両面に焼き色がついたら、フライパンににんにく、ミニトマト、しめじ、アサリの順に入れる。

5 白ワイン、水を入れ、ふたをして弱火で10分ほど煮る。塩、こしょうで味を調える。

6 器に盛り、飾り用のミニトマトを添える。

市場の新鮮な
魚を使った

豪華
舟盛り

を作ろう！

舟盛り用の舟を使って豪華舟盛りに挑戦します！　好きな海鮮
たっぷりでおいしく、彩りよく盛りつけていくっ！

まずは買いもの！

市場にタイがなかっ
たので今回はヒラメ
をメインに！

買いものリスト	◆ サーモン（サク）	◆ 赤貝
	◆ カンパチ（サク）	◆ ホラ貝
◆ ヒラメ	◆ 甘エビ	◆ トリ貝
◆ マグロ（サク）	◆ 伊勢エビ	

舟盛りの準備をしよう！

ツマカッターを
使うと簡単にツ
マが作れます。

舟盛り器を用意
すのこの下にドライアイスと水を入
れると、煙を演出できる。

ツマ（ケン）を作る
大根、にんじん、きゅうりをせん切
りにして水にさらす。

下処理をしよう！

◆ **ヒラメ**
ウロコとエラを取って頭を付けたま
ま五枚おろしにする。身は腹骨を
すいて皮を引く。

◆ **マグロ・サーモン・カンパチ（サク）**… 刺身に切る。

◆ **甘エビ**…… 塩水で洗って頭と尾を残して殻をむく。

◆ **伊勢エビ**… 頭と胴体の境目に包丁を入れ、一周ぐるりと切れ目を入れて胴
体をねじり取る。腹の殻をむいて身を取り出す。

◆ **赤貝**……… 貝柱とヒモを外した身を開き、ワタを取ったら全体に細かい切
れ目を入れる。貝柱、ヒモは周りの黒いヒラヒラを取り除く。

◆ **ホラ貝**…… ゆでて身を取り出したら、黒いワタを切り落とし、塩もみしてぬめ
りを取る。内臓は毒素を持つ可能性があるので、開いて取り除く。

🐟 いよいよ盛りつけ！

1️⃣ 土台を置く

飾りとしてホラ貝、ヒラメ、伊勢エビの頭、殻などを配置する。刺身の土台となる大根のツマを敷く。小さなカップにツマと大葉を敷き、その上に伊勢エビの刺身をのせる。

ヒラメの頭や尾、伊勢エビの頭は、爪楊枝を刺した輪切りの大根をマクラにして立たせる。

2️⃣ 刺身を盛りつける

刺身を置きたい箇所に大根のツマを土台として置き、大葉を敷く。その上に彩りよく刺身を盛りつけてゆく。

A…ヒラメ／B…マグロ・サーモン・カンパチ（サク）／C…甘エビ／D…伊勢エビ／E…ホラ貝／F…赤貝／G…トリ貝

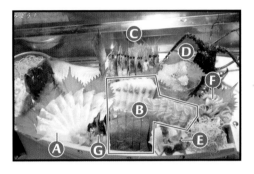

赤身と白身がある場合はまとめ、色を散らそう。ツマに青じそを敷くと彩りも華やかになる。

3️⃣ 飾りをつける

にんじんやきゅうりのツマ、レモン、パセリ、木の芽などをあしらい、華やかさを加える。

飾りの素材は、刺身と刺身の間の空いている隙間を埋めるように配置するのがポイント。

完成!!

貝を器に使う場合は、煮沸消毒をしてから盛りましょう。

シーフードBBQ を楽しもう!

超絶感動!ビールも進む!

真夏の貸切状態のキャンプ場で好きなものしか焼かない、
シーフード尽くしの1人BBQ! 思いっきり、焼いて食べて飲む!!

まずは買いもの!

たくさん買えるように、クーラーボックス持参で市場へ!

買いものリスト	◆ ワタリガニ	◆ アワビ
	◆ ホタテ貝	◆ ビール、野菜類、
◆ アユ	◆ 大アサリ	その他好きなも
◆ 伊勢エビ	◆ サザエ	のを何でも!
◆ エビ	◆ ハマグリ	

BBQの準備をしよう!

僕は左右に分けて、強火と弱火を作ります。焼きすぎたときに、弱火の方に避難させられて便利ですよ!

ビールと野菜を冷やす
クーラーボックスに水と氷を入れ、ビールと野菜を冷やす。

炭をたく
着火剤の上に炭をのせ、炭をたく。

下処理をしよう!

伊勢エビ
腹を上に向けて置き、包丁で縦に2つに割る。BBQは割るだけでOK。

ホタテ貝
平らな方の貝柱を切って開き、黒いウロを取り除く。ヒモの下をよく洗う。

大アサリ
貝のすき間から包丁を入れて割り、蝶番はねじ切る。流水でよく洗う。

🍖 さあBBQを楽しもう！

ハマグリ
「しょうゆをさして……あぁウマ！
続けてもう1個!!」

カキ
殻ごと焼いて、
殻がちょっと開
けば食べ頃！

伊勢エビ
「身をミソにつ
ければ、調味料
のいらないウマ
さ！ 最高!!」

あぁ、うまい!!

焼けるのを待つ間に、冷
やしたトマトやきゅうりを丸
かじりするのも最高！

シャク シャク シャク

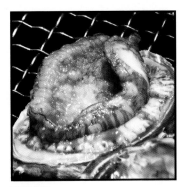

アワビ
「うわぁウマい！ 肉厚！ やわらかい！」

ワタリガニ
「ミソも身もパン
パン！ ウマい
しかいえない」

大アサリ
「新鮮な貝はレ
アでいただく！
UMA！」

ホタテ
「バターとしょうゆを投入
して焼いていくっ！」

ウマぁぁぁい！

グビッ グビッ グビッ

エビ
「マヨネーズをつ
けて食べる！」

サザエ
「ブクブクしてき
たらしょうゆ投
入。竹串でふたを
外し、身をくるん
と出す！」

アユ
「塩焼き！ 背ビレを取り、背中からガブッと！」

魚をさばいたあとの生臭さ対策は？

魚をさばいたあとの包丁やまな板、自分の手に生臭さが残ってしまい困っています……。何かいい方法はありますか？

実をいうと……僕はもう慣れてしまったのか、あまり臭いが気にならなかったりします。でも、まな板や手は、さばいている最中もこまめに洗いますね。あとは、臭いの原因は魚の内臓に触ることなので、ビニール手袋をつけてからさばくと、手に臭いがつきません。キッチン用品の臭い消しには、お酢がいいみたいです。

残った魚の内臓や骨、皮から悪臭がします……。対策を教えてください！

新聞紙に包んでから、二重のビニール袋に入れて口をしっかり縛っておきましょう。新聞紙は水気や臭いを取ってくれるのでおすすめです。僕もときどきやるんですが、まな板の上に新聞紙を置いてさばいて、そのまま取った内臓を包んでしまいます。そうすると、まな板も汚れないですし！
腐ると臭いがひどくなるので、ゴミの日が遠いようであれば、ビニール袋に入れたまま冷凍庫で保管します。実は、僕の家には魚のゴミ入れ専用の冷凍庫があります。

普通は**さばかない魚**をさばいていくっ！

‖ キングサーモン ‖
P.92

‖ オマールエビ ‖
P.94

‖ ホシエイ ‖
P.96

‖ チョウザメ ‖
P.98

‖ マツカサウオ ‖
P.100

‖ タスマニア
キングクラブ ‖
P.102

‖ アンコウ ‖
P.104

‖ メカジキ ‖
P.106

キングサーモン

友人がアラスカで釣り上げた天然のキングサーモン。
さばいてお腹の中にいっぱいイクラをいただきます。

用意するもの 牛刀（薄刃）／骨抜き

👀 腹を割る

アゴの下から肛門まで、逆包丁で
腹を切る。中の筋子を傷つけないよ
うに、包丁は浅く入れる。

👀 筋子を取り出す

頭の方にある付け根を探し、手で
付け根をちぎって筋子を取り出す。
もう片方も同様にして取り出す。

きまぐれアドバイス

僕の手よりもでかい筋子が
出てきた！ 魚卵の1粒1粒
の大きさが規格外。回転寿
司とかにあるイク
ラの倍以上あり
ますね。

👀 内臓を取る

腹の中に残った内臓を手で取る。

👀 頭を落とす

胸ビレの近くに包丁を入れて骨を断
ち切り、反対側からも包丁を入れ
て頭を落とす。

👀 三枚におろす

腹から尾までヒレの少し上に包丁で
ガイドラインの切れ目を入れ、ライ
ンに沿って中骨まで包丁を入れる。

背中側も尾から頭までヒレの少し上
に包丁でガイドラインの切れ目を入
れてから、中骨まで包丁を入れる。
包丁は角度をつけずにまっすぐに。

尾の付け根に包丁を貫通させ、左
手で尾を持って、頭側へ包丁を滑
らせる。尾の付け根を切って身と骨
を切り離す。

きまぐれアドバイス

大きな魚になるほど包丁全
体を使うことが大事。刃先
でガイドラインを入れたあと
は、刃全体を使って
おろしていきます。

身を上にして置き、頭側の中骨の下に包丁を入れる。包丁の刃先はやや上向きにし、軽く前後に動かしながら、中骨の下を切り進める。

腹を開いたあたりまできたところで包丁が止まるので、そこで少し包丁を下に入れる。

尻ビレの周りの部分を切り落とす。

一度包丁が止まったあたりにもう一度包丁を入れ、尾まで中骨の下を切り進める。

最後に尾の付け根を切り離して、中骨を身から切り離す。

下身の背ビレの周りにある骨を包丁で切り落とす。

😋 腹骨をすく

腹骨を包丁でそぎ取るようにして取り除く。

😋 身を切り分ける

腹身の下の部分（ハラス）を切り落とし、残った身を背側と腹側にさらに半分に切り分ける。

😋 皮を引く

尾の皮を左手で持ち、皮と身の間に包丁を入れて皮を引っ張るように皮を引く。

😋 骨を抜く

包丁を入れ、切り身にする。断面（背の身の頭側）に骨があるので、骨抜きで抜く。

いただきます！

【 イクラの
しょうゆ漬け 】

アラスカの恵み、
100点!!

作り方
P.108

第４章　普通はさばかない魚

93

ハンマーのようなデカバサミ
オマールエビ

僕の手のひらより爪がでかい、7kgの超巨大オマールエビ。
怪物級のコチラ、お味はいかに……!?

用意するもの 出刃包丁／中華包丁／ゲンノウ

😽 ゆでる

鍋に水を張り、1%くらいの塩分量になるように塩を加える。

生きたままのオマールエビを尾の方から鍋に入れ、1時間～1時間半ゆでる。

きまぐれアドバイス

このサイズのオマールエビをゆでられる鍋がなかったので、ガス屋さんでおっきなコンロとおっきな鍋を借りてきました!

😽 冷ます

2時間ほど冷ましてあら熱を取る。

😽 爪を落とす

出刃包丁で両方の爪を根元から落とす。大きいサイズの場合は、叩くようにすると落ちやすい。

😽 胴体を外す

片手で頭を押さえ、尾を逆の手で持ち、ねじるようにして頭から胴体を外す。

😽 頭を外す

片手でヒゲを持って引っ張り、頭の上の殻を外す。

😽 エラを取る

頭の中にあるエラを手で取り除く。カニと同様、エビもエラは食べない。

😽 2つに割る

包丁で頭を縦に2つに切り分ける。

🦐 胴の身を外す

腹の殻の両端に切り込みを入れる。

頭側からはがすようにして腹の殻を外す。

手で身を持ち、背側の殻を外す。

🦐 爪の身を外す

爪のすぐ下の関節を包丁で切り落とす。

その他の関節も、手で外すか包丁で切り、爪以外を3つに分ける。これらはほじって食べる用。

爪はゲンノウなどで叩いてヒビを入れ、手で殻を外す。爪の身にアクがついてる場合は流水で洗い、キッチンペーパーで水気を拭き取る。

🍴 いただきます！

[超豪華オマール エビ盛り]

線維の1本1本がしっかりしていてめちゃくちゃジューシー！ 5種のソースで！

トッ トッ トッ トッ トッ トッ

----- 5種のソース **食べ比べランキング** -----

第**1**位
塩ライム

オマールエビの旨みを完璧に引き出す、ダントツのウマさ。

第**2**位
タルタルソース

そりゃ、エビとマヨネーズですもん。これは間違いなし！

第**3**位
ホットチリソース

ウマい！ 辛いからつけすぎに注意！

第**4**位
ヤンニョム

おいしい！ でも、オマールとの相性は……いまひとつかな？

第**5**位
ポン酢

安定のおいしさだけど、塩ライムの方が断然ウマい！

星みたいな斑点のヒレ

ホシエイ

釣れたての巨大エイを船の上である程度解体してから、ヒレをお持ち帰り。
居酒屋の定番に挑戦します。

用意するもの 出刃包丁／柳刃包丁

😺 尾を切り、ヒレを落とす

尻尾を包丁で切り落とし、両方のヒレを包丁で落とす。

点線部分でヒレを
切り落とそう！

可食部

尾には毒が
あるので注意。

きまぐれアドバイス

まな板に載らないサイズなので、ここまでは船の上での作業。可食部のヒレだけ持ち帰りました。すごく硬くてなかなか切れず、時間がかかりました！

😺 切り分ける

使う部分だけを切り分ける。ここでは、片方のヒレの中央部分だけを使用。

😺 軟骨を取る

ヒレの真ん中付近にある軟骨の上に包丁を入れ、身と軟骨を切り分ける。

反対側に返し、同様に軟骨の上に包丁を入れ、身と軟骨を切り分ける。

😺 皮を引く

柳刃包丁で皮を引く。皮を下にして皮と身の間に包丁を入れ、左手で皮を押さえて皮と身を切り離す。もう一方も同様に行う。

😺 塩水処理する

食塩水に浸してぬめりや汚れをよく洗い、水気を拭き取る。

きまぐれアドバイス

この状態にすれば、いろいろな料理に利用することができます。刺身、フライ、天ぷら、から揚げ、煮付け……。僕もいろんな料理をしてきました。

🐟 エイヒレにする

①
酒、みりん、しょうゆを合わせた漬けだれにヒレを漬け、できるだけ密封して半日ほど冷蔵庫で寝かす。

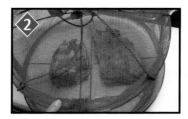

②
水気を取って野菜干しネットなどに入れて干す。通常数日、梅雨時期なら1週間程度。

きまぐれアドバイス
僕は酒とみりんのアルコール分を飛ばしてから甘口のしょうゆを合わせて漬けだれを作って唐辛子の粉末も加えました。

いただきます！

【 自家製エイヒレ 】

みりん干し特有のいい匂いがするエイヒレ。日本酒でもビールでもなんでもいけるやつ！

ジュー　ジュー

きまぐれクック こぼれ話

卓上で炭火焼が楽しめる
卓上コンロ

リサイクルショップで見つけて「めっちゃいい！」と買った卓上コンロで、エイヒレを炙ります。本来は固形燃料を使うのですが、ここでは炭火に挑戦。魚や貝も焼ける便利グッズです。

炭の炊き方

1、2個の炭にバーナーで火をつけます。危険ですので、着火作業は必ず屋外で行いましょう。炭に火がついたら、コンロにセットし網を載せます。あとは好きなものを焼くだけ。僕はもちろん、エイヒレをいただきます。熱いので近づきすぎないように！

❶ 炭に火をつける

❷ 火のついた炭をセットする

❸ 網を載せる

❹ 食材を焼く・炙る

※コンロを卓上で使用する場合、換気を充分に行ってください。また、炭に着火する作業は、屋外で行ってください。

チョウザメ

キャビアで有名なチョウザメ。実はサメではなく、古代魚の仲間です。
そして、一見海にいそうな魚なんですが、淡水魚なんですよ！

用意するもの 牛刀（薄刃）／手袋／ブラシ

👀 腹を割る

肛門から逆包丁にして、腹を割る。キャビアに傷をつけないよう、できるだけ浅く包丁を入れる。

👀 キャビアを取り出す

キャビアをつぶさないように、包丁を使わず、手ではがすようにしてキャビアを取り出す。

> **きまぐれアドバイス**
> キャビアはまったく匂いがしなくて驚きました！ 生のキャビアには黄色い筋がついていますが、これはチョウザメの内臓脂肪です。

👀 内臓を取り出す

内臓の付け根を包丁で切り、内臓や浮き袋を取り出す。

👀 熟成させる

水気をよく拭き取り、キッチンペーパーで包んでさらにラップで包み、冷蔵庫で1週間ほど熟成させる。

> **きまぐれアドバイス**
> チョウザメは熟成させた方がウマいんですよ。ただ、ちょっと熟成させすぎたのか、パンをこねているときのような、独特の臭いがしました……。

👀 頭と尾を落とす

手袋を着用する。胸ビレの下あたりに包丁を入れて両側から切り進めて頭を落とす。

尾から20cmあたりのところに包丁を入れ、尾を落とす。

👀 硬鱗を取る

チョウザメは背中に硬鱗と呼ばれる硬いウロコがあるので、頭側から包丁を入れ、切り落とす。

😋 洗う

流水でブラシを使い、よく洗う。

😋 大名おろしにする

頭を右側にして置き、頭の切り口から背骨の上を包丁で尾まで切り進め、骨から身を外す。

頭の切り口から背骨の下に包丁を入れ、尾まで切り進めて骨を外す。

😋 腹骨をすく

身を半分に切り、腹骨を包丁でそぎ取るように取り除く。

😋 皮を引く

身の端から皮一枚を残して包丁を入れ、皮の上を包丁を滑らせるようにして皮を引いていく。

😋 塩水処理する

食塩水に身を浸して洗い、表面の脂やぬめりを落とす。キッチンペーパーで水気をよく拭き取る。

😋 切り身にする

斜めに包丁を入れ、切り身にしていく。
※切り身はムニエルなどに使える。

😋 キャビア：卵膜を取り除く

チョウザメから取り出したキャビアは、粗いザルの上で転がして卵膜や内臓の脂肪を取り除きながら、バラす。酒と水で洗い水気をきる。

😋 キャビア：脂を取る

氷水で冷やしながら、白い塊のように見える脂を1つずつピンセットを使って取り除く。ザルを使ってさらに細かいものを取り除く。

いただきます！

【 キャビア 】

家でやることじゃないと思いましたが（笑）、クリーミーな味わいで最高！

ばっちりですね！

作り方 P.108

硬いウロコのヨロイを持つ

マツカサウオ

めちゃくちゃおいしいけど、まつぼっくりに似たウロコの硬さは
ダイヤモンド級！きまぐれ史上最凶のコチラをさばきます。

用意するもの 出刃包丁／柳刃包丁

🐟 腹ビレを落とす

棘状に突き出した左右の腹ビレを
出刃包丁で切り落とす。とても硬い
ので、包丁で叩き切る。

🐟 エラを抜く

エラぶたから包丁の先を入れ、か
き出すようにしてエラを抜く。姿造り
のときは、頭を残してエラを抜く。

🐟 頭と内臓を取る

両側のカマ下から包丁を入れ、頭
を落とす。頭に付いてきた内臓を取
り除く。

🐟 一刀おろしにする

①

内臓があった部分から包丁を入れ
て腹の皮を切る。腹の皮も硬いの
で注意。

②

切った腹の皮から尾まで切り進めて
いく。

③

腹の切れ目を開き、中骨の左側に
包丁を入れて身と骨を切り離す。
硬すぎるので一刀おろしにする。

④

背ビレを切り落とす。硬くて包丁を
押し引きしても切れないので、叩き
切る。

⑤

背ビレを切ったところと腹側から包
丁を入れ、身と骨を切り離す。

きまぐれアドバイス

とにかく硬くてウロコも取れ
ないし、普通の三枚おろし
もできない魚でした。今ま
でおろしてきた魚の中で一
番難しかったかも
しれん……。

🐟 腹骨をすき、皮を引く

腹骨を包丁でそぎ取るように取り除く。身と皮の間に柳刃包丁を入れ、身と皮を切り離す。皮が硬いから、引きやすい。

🐟 塩水処理をする

塩水で身を洗って汚れと身の中の余分な水分を取り除き、水気を拭き取る。

きまぐれアドバイス

マツカサウオの中では最大級の個体をさばきましたが、取れた刺身は2切れだけ！　かなり歩留まりの悪い魚です（笑）。

いただきます！

【 マツカサウオの刺身 】

歯ごたえのある白身で、脂がすごくのってるんですけど、全然しつこくない!!

トッ　トッ　トッ　トッ　トッ　トッ

きまぐれクック こぼれ話

暗闇で光る!?
謎の魚・マツカサウオ

歯ごたえのある白身が、とにかくおいしい！　おろすのは大変で、歩留まりも悪いんですが、それだけの甲斐がある魚です。一般には流通していない、謎に包まれた生態をご紹介！

危険を察知すると
棘で防御！

ダイヤモンド級の硬いウロコが特徴ですが、危険を察知すると背ビレと腹ビレを棘状に変化させ、さらに強固な防御態勢に。この腹ビレを利用すると、魚体を立てることもできます。とにかく鋭いので、おろすときは注意。

発光器を持ち、
暗闇では光る！

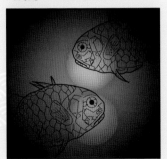

マツカサウオは下アゴに発光器を持っていて、発光バクテリアを共生させて発光しています。弱い光なので、暗闇でないと見えないとのこと。一部の水族館で飼育されていて、時期によっては発光を観察できるようです。

旬も不明の
謎多き魚！

成長するに従って、黒と黄色の模様がはっきりと浮かび上がり、全長15cmほどになるマツカサウオ。ただ、産卵時期や場所、旬などは不明。一般には流通していない、とても珍しい魚で、観賞用としても人気です。

世界で一番重い幻のカニ
タスマニアキングクラブ

オーストラリアのタスマニア島にしかいない
10kg級の巨大カニ。タスマニアのお魚工場でさばきました。

用意するもの 中華包丁／ハンマー

😎 ゆでる

熱湯に塩、砂糖、ブレンドビネガーを加え、よく混ぜるのがオーストラリア流のゆで方。

カニを生きたまま鍋に入れ、20分ほど丸ゆでにする。

きまぐれアドバイス

爪の肉だけでおにぎり2つ分はあろうかという大きさ！タスマニアでもこんなのは滅多に入らないということで、現地の方も携帯で撮りまくりでした。

😎 氷水で冷やす

ゆで上がったら氷水の入ったバケツに移して冷やす。

😎 脚を落とす

中華包丁で叩き切るように、脚を付け根から落とす。

😎 爪を落とす

爪も脚と同様、付け根から叩き切るように落とす。

😎 殻を外す

ふんどしを落とし、手でパカッと殻を外す。

😎 胴体を分解する

胴の身の両側に付いているひらひらとしたエラを手で取る。

胴に残ったミソを殻に戻す。
※ミソは水っぽくて、食すととても生臭い。

🦀 胴の身をさばく

中華包丁で叩き切って半分に切り分ける。これで、ほじって食べる準備完了。

🦀 脚の身をさばく

関節の近くに中華包丁を叩きつけて両側から切れ目を入れる。身が切れないよう殻を割る。

切れ目からもぎ取るように殻を外し、身を出す。巨体な割に脚の身は小さめ。

🦀 爪をさばく

爪の根元の関節にハンマーを叩きつけて、爪と爪下に分け、爪下の殻をハンマーで割って身を取り出す。爪の肉は人間の拳より大きい。

爪の殻にハンマーを叩きつけて割り、身を出す。もう片方の爪も同様にさばく。

きまぐれアドバイス

自宅で大物コウカク類をさばくときは、包丁の刃がこぼれないよう注意。音や飛び散りもスゴいので、屋外推奨です!

いただきます!

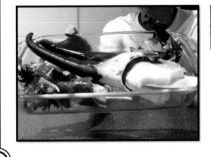

[ゆでタスマニアキングクラブ]

ミソはイマイチでしたが、爪は脂身があってめっちゃウマかったです!

ばっちりですね!

きまぐれクック こぼれ話

夢の対面
タスマニアの巨大ガニ

生きたタスマニアキングクラブは日本への輸入が禁止されていのですが、どうしてもさばきたくて飛行機に飛び乗りました!
はじめて見るカニのデカさに超感動! 夢が叶いました!

うわー! これはヤバイぞ!! ゴリマッチョだ!

タスマニアキングクラブは最大50cm、体重10kg以上にもなるという超超巨大ガニ。今回のカニも僕の肩幅くらいの大きさがありました!

アンコウ

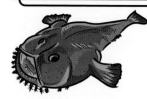

一般にはなかなか流通しない、生きたままのアンコウをゲット！
鋭い牙のコチラをさばきます。

用意するもの 出刃包丁

😮 ヒレを落とす

生きている場合は、眉間の少し上を包丁でしっかり刺して締める。両方の胸ビレを包丁で切り落とす。

😮 内臓を取る

腹側を上にして肛門から腹ビレのあたりまで逆さ包丁で腹を切り開き、アン肝などの内臓を1つずつカットして取り出す。

きまぐれアドバイス

アン肝も入っていましたが、旬の時期に比べるとやせている感じ。肝はアニサキスがいる可能性もあるので、長めにしゃぶしゃぶします。

😮 皮をはぐ

① 皮をむく起点とするため、顔の輪郭に沿って切れ込みを入れる。

② 切れ込みから手で皮をめくって腹側の皮をはぐ。滑るようならキッチンペーパーを使うとよい。皮も食べることができるので、捨てずに取っておく。

③ 背側も同様に顔の輪郭に切れ込みを入れ、手で皮をめくってはぐ。

😮 歯を落とす

① 口角から包丁を叩くように入れてから、下のアゴ部分を切り落とす。

② 腹側に返し、上の歯部分も同様に叩き切るように切り落とす。顔を料理に使う場合、スープのにごりの原因になるので目玉を取り除く。

きまぐれアドバイス

歯が取れたら、これでもう怖くねぇ！ アンコウ、鮮度がいい分、めちゃくちゃさばきにくい。ぬるぬるが邪魔して、なかなか包丁が入っていきません。

🐟 身を外す

①

②

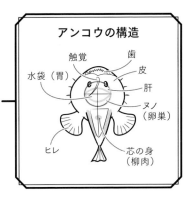

アンコウの構造

触覚　歯
水袋（胃）　皮
　　　　　　肝
　　　　　ヌノ
　　　　（卵巣）
ヒレ　　　芯の身
　　　　（柳肉）

腹側の内臓を取った部分を尾まで切り進め、両側に広げるようにして身を外していく。

やわらかい皮下の身をめくり、芯の身をむき出しにして、付け根に包丁を入れ、切り離す。

🐟 大名おろしにする

①

②

🐟 皮のぬめりを落とす

①

芯の身の、頭の方の中骨のすぐ上に包丁を入れ、そのまま尾まで切り進めて身を外す。

反対側も同様に、中骨のすぐ下に包丁を入れ、尾まで切り進めて身と骨を外す。

ボウルに皮を入れ、塩をたっぷりと振ってなじませ、ぬめりを落とす。大量のぬめりが出るので、しっかり落とす。

②

🐟 脱水する

🐟 薄皮を取る

皮を熱湯に入れてザルに取り、流水で洗ってさらにぬめりを取る。皮も脱水してから調理する。

身と肝、心臓、処理した皮を脱水シートに並べ、1日ほど寝かせて脱水する。脱水することによってゆるい身が締まって扱いやすくなる。

寝かせ終えた身の表面の薄皮を包丁でそぎ取る。これで下処理が完了。

🍴 いただきます！

**[アンコウの
しゃぶしゃぶ]**

アンコウのしゃぶしゃぶは新鮮だからこそできる食べ方！アン肝も臭みがない!!!

トッ トッ トッ トッ トッ トッ トッ

メカジキ

メカジキの水揚げ量が日本一の宮城県気仙沼。
気仙沼で手に入れた130kgの巨大メカジキをさばきます。

用意するもの 出刃包丁／手袋（薄いもの、厚いもの2種類）

😸 内臓を取る

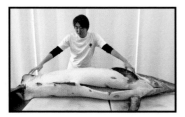

メカジキは1か月ほど漁に出て獲り溜めるので、船の上で内臓は取り出された状態になっている。

😸 ヒレを落とす

胸ビレの付け根に包丁を入れ、左手で胸ビレをつかんで切れ目を広げながら切り進める。最後はもぎ取るように切り落とす。

背ビレは尾側から包丁を入れて切り落とす。腹ビレ、尻ビレも切り落とす。やわらかく簡単に切れるので、力を入れすぎないように。

😸 尾を落とす

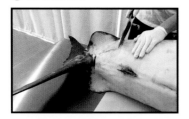

尾の身を切って断面を作り、関節に包丁を入れて尾を切り落とす。

😸 頭を落とす

カマから包丁を入れ、中骨まで切り進めて関節を探し、関節を断ち切る。そのまま反対側の身を切り進め、頭を切り離す。

関節の位置を見つけよう！

ボコボコした背骨の隙間に刃を入れ、尾を切り落とす。

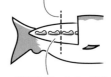

背骨は硬いので、沿うようにして上身を切り取る。

😸 三枚におろす

背ビレの少し上を尾から頭までガイドラインの切れ目を入れる。ラインに沿って中骨まで包丁を入れる。

切れ目が中骨に達したら、左手に厚手のゴム手袋を着用し、手で中骨の上をなぞって身と骨を外す。

きまぐれアドバイス

メカジキは本当にやわらかくて、全然力を入れなくてもさささって包丁が入りますね。その分、ちょっと包丁の入れ方を間違えると骨の下にいっちゃいます。

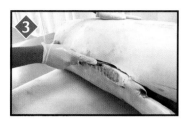

腹側の内臓を取った部分から尾まで、ヒレの少し上にガイドラインの切れ目を入れ、中骨まで包丁を入れる。

内臓を取ったあとの腹を開き、中骨の上に包丁を入れて身と骨を切り離し、手で持ち上げて、片身を骨から外す。

下身をおろしていく。背ビレの少し下に、尾から頭までガイドラインの切れ目を入れ、背ビレの周りの部分を切り離す。

包丁を少し上向きにして中骨まで包丁を入れ、身と骨を離していく。

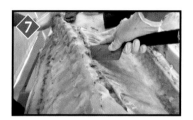

開いた腹の部分も、中骨の下に包丁を入れ、身と骨を切り離していく。

開いた腹から尾にかけて、ヒレの少し下に包丁を入れ、尻ビレの周りの部分を切り落とす。

中骨の下に包丁を入れ、身と骨を切り離していく。身と骨が切り離せたら、手で中骨の部分を取り除く。

😋 ブロックに分ける

おろした身を背側と腹側に切り分ける。さらに使用する部分を切り分ける。

😋 皮を引く

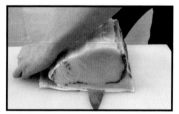

ブロックに分けたら皮を引く。皮と身の間に包丁を入れ、左手で皮を押さえてゆっくりと包丁を進める。皮が切れやすいので注意。

😋 腹身は膜を取る

腹身には膜があるので切り取ってから皮を引く。使いやすいサク状に切って調理する。

▱ いただきます！

【 メカジキの
しゃぶしゃぶ 】

口の中でとろける〜！
白米ほしー！

いただきます！

さばいた魚のお腹の中にたっぷりの魚卵があると「やったー！」と思いますよね。ここではちょっと珍しい魚卵をおいしく食べる方法を紹介しちゃいます。

[イクラのしょうゆ漬け]

キングサーモンのさばき方 ➡ P.92

材料

筋子…適量
みりん…適量
日本酒…適量
しょうゆ…適量
あごだし(市販品)…適量

一般的なサイズの筋子（200〜300g）の場合は、みりん、酒、しょうゆを各大さじ2ほど。

作り方

1 50〜60℃の食塩水に筋子を入れ、膜や汚れを取り除いてバラす。

2 鍋に酒、みりんを同量合わせて火にかけ、フランベでアルコール分を飛ばしてあら熱を取る。

[調理ポイント]

真水では浸透圧の関係でいくらが水っぽくなったり潰れてしまうため、塩水を使うこと。温かい塩水を使うことで、イクラを包む薄皮が熱さで縮み、はがれやすくなる。お湯がぬるくなったら適宜変える。

3 2にしょうゆと少量のあごだしを加える。

4 1と3を合わせ、冷蔵庫で一晩漬け込む。

[キャビア]

チョウザメのさばき方 ➡ P.98

材料

キャビア（バラして脂を取ったもの）…適量
日本酒…適量
水…適量

道具

ボウル
ザル
スケール

作り方

1 ボウルに酒と水を1対1で混ぜ、ザルに入れたままキャビアを沈める。

2 箸などで水をかき混ぜ、浮かんだゴミや脂を取り除く。

3 キャビアの入ったザルをあげ、30分以上水気をきる。

4 水気をきったキャビアを計量し、2.5％の塩を加える。

[調理ポイント]

チョウザメの卵を塩漬けにすることでキャビアとなる。キャビアの味つけには塩の分量が重要になるため、必ずスケールを用意しておく。キャビア全体の重さを測り、0.025を掛け算した量の塩を混ぜる。

5 ゴムべらでゆっくりと混ぜる。水気が出てくるので、それを1時間以上きって冷蔵庫で冷やして完成。

生きたままの ワタリガニを漬け込む カンジャン ケジャン を作ろう!

今回はウチワエビも入れました!

お店のケジャンって安全な冷凍カニを使っているんですが やっぱり新鮮な活カニの自家製ケジャンの味は別格です!

🌶 道具と食材を準備しよう!

道具
- ◆ 寸胴鍋
- ◆ 包丁
- ◆ フライパン
- ◆ おたま
- ◆ ブラシ（歯ブラシでも可）
- ◆ 壺（ふた付）
- ◆ 食品用アルコール
- ◆ ザル
- ◆ キッチンペーパー（厚手のもの）
- ◆ ビニール手袋

食材

活ワタリガニ…4〜5匹
たつくり（煮干しでも可）…50匹

A
- 水…1000ml
- 乾燥シイタケ…6個
- 乾燥昆布（10cm×5cm）…6切れ
- 甘草（スライス）…4枚

B
- りんご・なし（5mmの輪切り）…各3切れ
- 大根（1cmの輪切り）…3切れ

- 玉ねぎ（ざく切り）…2/1個
- 長ねぎ（白い部分）…5本

B
- しょうがの薄切り…1個分
- ニンニク…15片
- 黒こしょう…20粒

C
- 砂糖…大さじ2
- しょうゆ…500ml
- 焼酎…100ml
- 梅酒…50ml

D
- 唐辛子…6本
- サイダー…150ml

僕はちょっと濃いくらいの味にしましたが、タレの味は自分のお好みで調節してください。

🌶 作ってみよう!

1 鍋にAとフライパンで軽く炒めたたつくりを入れる。

2 Bを加えて強火にかける。アクを取りながら15分ほど煮る。Cを加え、さらに5分煮る。

3 醤油、みりん、砂糖などで味を調える。火を止め、あら熱を取る。

4 煮沸消毒したツボの内側に食品用アルコールを噴射し、さらに消毒する。

5 壺の口にキッチンペーパーを敷いたザルを載せ、4を濾して入れる。ザルをよけDを加える。

6 手袋を着用し、カニの足の付け根やふんどしの内側までしっかりとブラシで洗う。カニが暴れる場合は氷水で締める。洗い終わったカニに焼酎（分量外）を軽く回しかけて消毒する。

7 カニの全身がタレに浸るように壺に入れ、ふたをして3日間寝かす。カニは毎日取り出し、タレだけを鍋で煮沸し、冷ましてから再びカニを漬ける。

8 3日後、消毒のためにカニを一度冷凍する。食べるときは冷蔵庫で自然解凍する。

完成!!

食べるときはビニール手袋を着用し、ふんどしを割り、甲羅をはぐ。左右のエラは取り外し、身を半分に割って召し上がれ!

春から秋にかけてはメスが卵を持つので、メスを使えば卵入りのカンジャンケジャンが食べられます。

メスが産卵を終える10月以降は、オスを使った方がおいしいです!

これからも続いていくっ!

『さばいていくっ!』を最後まで読んでくださり、ありがとうございます!
お楽しみいただけたでしょうか? 実際に本を見ながらお魚をさばいてみたよ、といってもらえたら、こんなにうれしいことはありません。

この本では、これまで撮ってきた500本以上の動画の中から、「これはさばいてみてほしい」「縁があったらチャレンジしてみてほしい」と思うお魚たちを厳選して紹介しています。
スーパーや市場でおいしそうなお魚と出会ったらさばいてみてくださいね。

もちろん、魚のさばき方はいろいろなので、僕のやり方以外にも合う方法があるかもしれません。ポイントをおさえて、自分に合ったやり方で、魚さばきを気軽に楽しんでもらえたらと思います。

僕はこれからもきまぐれに、大好きな魚をさばいて、食べて、動画をあげていきます。「この魚は寝かせて明日さばきます」と言って1週間経ってしまったり、魚の動画なのについトラに夢中になってしまったりすることもありますが、これからもみなさんにお魚の魅力を伝えていけるよう、頑張っていきます!

これからも「きまぐれクック」をどうぞよろしくお願い致します。

──それでは今日も、魚をさばいていくっ!

きまぐれクック

「さばいていくっ!」でおなじみの人。YouTubeチャンネル「きまぐれ
クック Kimagure Cook」で、独自の魚さばきを紹介する動画を世
界中に配信中。幼少期から自分で魚をさばいてきた筋金入りの魚好
き。あらゆる魚をさばいて食す!

[STAFF]

編集協力	川島彩生、若狭和明（以上、スタジオポルト） 櫻田浩子
デザイン	宮川柚希（スタジオダンク） 白田栄一（瞬designOFFICE）
DTP	横井裕子（スタジオダンク） 北川陽子
イラスト	齋藤稔（ジーラム）
校正	あかえんぴつ
協力・本文写真	株式会社Kiii

さばいていくっ!
きまぐれクック流　魚さばきの楽しみ方

2021年3月1日　初版発行

著者／きまぐれクック

発行者／青柳　昌行

発行／株式会社KADOKAWA
〒102-8177　東京都千代田区富士見2-13-3
電話　0570-002-301(ナビダイヤル)

印刷所／凸版印刷株式会社

©Kimagure Cook 2021　Printed in Japan
ISBN978-4-04-605028-1　C0077